平直行

目次

序章

第1章

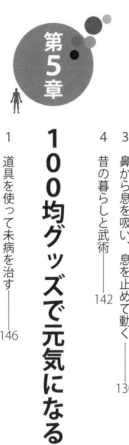

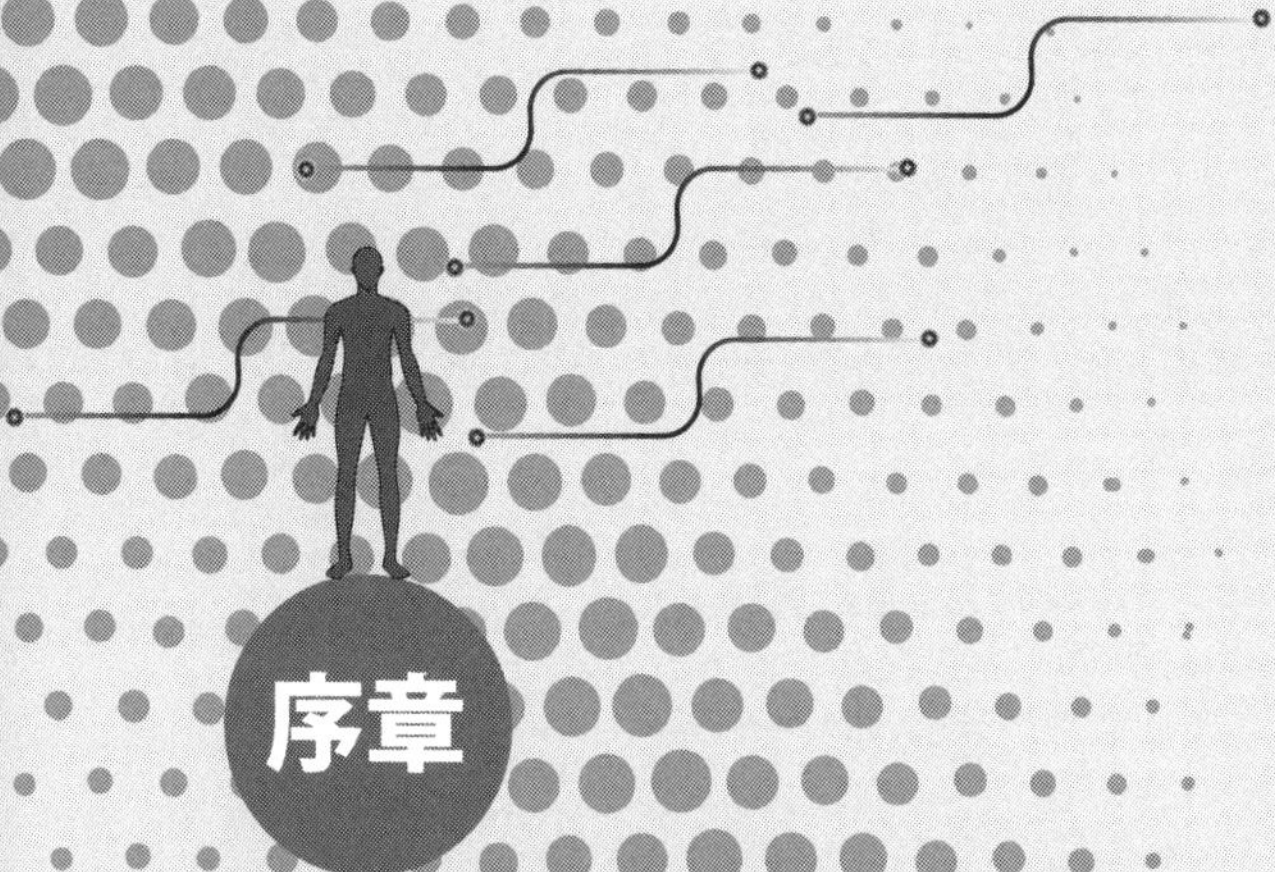

序章

カラダが元気になると心も晴れる

1 いくら頑張っても上手くいかない時は……

どんなに頑張っても上手くいかないことが人生にはままあります。仕事でも恋愛でも学校でも生きていると色々なことがあります。カラダに関しても同じことがあったりします。カラダの調子が悪いことは多くの人の人生において起こりうることです。腰痛はカラダだけでなく長く続くと心まで辛くなったりします。首や肩も同じですね。カラダの悩みは心の悩みに繋がっていきます。毎日時間を工面して病院に通ってもなかなか改善しない。ジムに行って運動してもマッサージに通っても、ストレッチを家で毎晩やっても改善しない。あるいは一生懸命にスポーツで頑張っても上手くならない。そんな時に思いもよらない解決法があったとしたら。とても嬉しいですね。

思った通りにいかないのは、大概の場合、思い方が違うんです。だからその反対の言葉が、思いもよらない良い結果という言葉がある訳です。意識でどうにもならない時、無意識を使うと思いもよらない良い結果がやってきます。本書では無意識の運動指令を使うことでどうにもならなかったカラダの状態が一瞬で元気になる運動を紹介していきます。

いくら頑張っても上手くいかない時、ホンの少しやり方を変えれば上手くいきます。そして大概の場合、上手くいき始めるとあっという間に変わるのです。

あっという間に変わる時には大空を覆っていた雲がスッと晴れるように、心とカラダが晴れていきます。そうすると生きることに張り合いが出ます。人生の張り合いとは外側でなく自分の内側から滲み出すようにやってきます。武術の術とはカラダの内側から滲み出るような、不思議な何かを大きくするものです。ここだけ読むと何やら怪しい宗教っぽいかもしれませんが、本書を順序よく読んで頂ければその意味がよく分かって頂けるはずです。

2 無意識の力

前作でも書きましたが、格闘技のプロで壊れたカラダはどんなに頑張っても回復しませんでした。そうなると心まで辛くなってきます。

引退して試合をやらなくなった直後は、試合に向けての無茶な練習もしなくなったのに、思うように回復しませんでした。ストレッチやウエイトトレーニングをきちんとやってもカラダはもっと辛くなっていくのです。何しろじっとしていてもカラダが辛いのです。

辛いだけでなく、時には体中がギシギシと音を立てる感じでカラダの内側が痛むこともありました。痛みはギシギシと体中を動き回るように日々僕を苦しめるのです。

自殺をする人ってこんな感じなのかな？　さすがに真剣に考えた訳でもないのですが、そんなことを思ったりしたことがありました。思い返すとずっとその状態が続けばカラダだけでなく心にも、もっと大きなダメージがやってきたかもしれない。そんなことを思うとゾッとしたりします。

武術の素晴らしきご縁によってカラダは回復していきました。カラダが良くなると心も晴れて来ます。前著3作「骨絡」「筋絡」「皮絡」と武術の理解が深まる度に回復していきました。

カラダが良くなり心も良くなると、ご縁も良くなるのかもしれません。ご縁が重なり、そこに時間が重なる度に、もっと良くなっています。その結果、より簡単にカラダを良くする方法が沢山出てきました。考えたのではなく、出てくるのです。

武術の練習は稽古と呼びます。古《いにしえ》に想いを馳せながら、古と同じ稽古を繰り返します。そうすると出会ったことのない古の武術の先人と同じ感覚になります。まるで本当に会ったかのように、あるいは自分の中にやってきたかのように。

その時には、見たこともない聞いたこともないような感覚が、カラダの内側からやってきます。

これが武術の習得の仕組みだと聞いたことがあります。これを「夢想剣」と呼びます。「夢想剣」は自分では知らないようなことがカラダの内側から滲み出るようにやってきます。

考えたのではなく、出て来た。そう思うしかないような不思議な体験です。不思議な体験はどんどん出てきます。やってきた答えは意識ではなく無意識の中にあります。無意識の中を見ることは意識ではできず、かといって考えなければ見ることができません。禅問答のようです。

格闘技のプロの時代にこんな経験を何度もしました。試合に向けて物凄く沢山考えます。相手の動き、それに対する自分の動き。それこそ100を超えるパターンを試合に向けて考え抜く。プロの試合で相手に圧倒的に勝った試合。その時に起きることは振り返ると無意識の力です。

100を超える考え抜いた試合の状況は出て来ません。圧倒的に勝つ試合の時に出てくるのは、自分の知らない技です。やったこともない技で相手に勝ちます。

無意識の力を引き出すには、意識を消すことです。意識は自分の思考ではなかなか消えません。ところがその経験を何度もしています。考え抜くことで最高の答えは出ては来ません。考え抜いて思考が消える。そこまで考え抜くと、自分の意識では届かない無意識の世界の力がふっと出てきます。

無念無想の世界。これは意識を消すよりも、思考を重ね抜いて意識が溢れ、物凄い量に満ち溢れた時に、意識が消えてスッと入る無意識の世界なのでしょう。

「無想剣」とは、ただ勝手にカラダが動く状態です。気がついたら相手を斬っている武術の極意。夢で答えが出てくるまで考え抜きます。そうすると意識が薄くなった寝た時に正解がやってきます。これを繰り返すと起きてる時にもスッと見たことのない世界がやってきます。

稽古とは自分の中に本当はある〝真実〟との出会いなのでしょう。だから稽古はカラダを動かしながら考え抜きます。気が遠くなる回数を繰り返し考え、その先にある真実に出会うために。プロを目指した14歳、青春の情熱を燃やしながら毎日練習して、プロを引退して出会ったカラダの世界に続くことになります。初めに出会ったのが操体法。あれから20年近くが経ちました。次に太氣拳、そして柳生心眼流に出会ってから10年以上が過ぎ、43年間毎日繰り返したカラダを使って思考を繰り返す日々が稽古の意味を教えてくれました。

自分では知らないような動きの意味と感覚がスッと体の内側から滲み出るように教えてくれます。この時不思議な感じになります。カラダと一緒に心もスッと晴れていきます。思考を中途半端に進めると悩みが生じるのでしょう。無意識になれば悩みもスッと消えていきます。武術は心身を共に綺麗にして磨くのです。

カラダが元気になると、本当に日常が変わります。本書では、前作よりももっと簡単に短時間で効果の出る運動を紹介します。

リハビリでどんなに頑張っても上手くいかない。腰痛や肩こりで硬くなって動きが悪い。肩が上がらない。腰が動かせない。そんな時に一瞬で動きが変わったら、とても嬉しいですね。武術の知恵でそれはさほど難しいことをしなくとも可能になります。

3 〝わからない部分〟こそが大切

「サムライメソッドやわらぎ」には、自分のカラダを良くする運動と一緒に、施術の技術があります。古い時代の武術家はどちらか一つではなく両方できました。元々がそうだったのだからこれが正しい習得法なのでしょう。活殺を両面から稽古するとお互いが相乗効果によって高いレベルに早く進みます。

ご縁によって施術の世界、そして医学の世界の方々とも交流し学ばせて頂く時間があります。やわらぎの施術は動かしながらほぐします。骨と筋肉と皮膚それぞれの特性に従いほぐす。多くのカラダの問題は安静にしていれば違和感や痛みを感じない。動かすと問題が出てくる。ならば動かしてカラダの問題を浮き上がらせる。通院しても良くならないのに、やわらぎで改善した例は沢山あります。本書はリハビリや施術を行う方々にもきっとお役に立つ一冊になると思います。

やわらぎの施術は調べていくと同じやり方が昔の日本にありました。これも稽古の結果出て来た武術の宝なのです。

古流のカラダに関する効果の秘密は無意識の運動指令にあります。意識と無意識2つの言葉。言葉は2つですがある場所は同じです。意識できるか、できないかの違いで2つがある場所は一緒なのです。一つの場所に意識と無意識が存在します。自分の中にあるものは一つ、そこに意識できるものとできないものがあります。これらはカラダから見れば同じもの。人が感覚で意識と無意識を分けているだけです。この世の中の全てにこれは当てはまる。本当にあるものは全て認識できる範囲とできない範囲があり、分かる部分だけを抜き出しても決して本質にたどり着く答えは出てはこない。これを武術では陰陽で表します。また武術では陰陽の重なる場所に最高の力が宿るという口伝もあります。知っていることと知らないけれど本当はあること。物事に向き合う時には全て謙虚に、知っていること以外に秘密があることを知り、知っていることを大切に使うのです。

意識で届かない場所には無意識を使えば一瞬で近くまで行きます。肩が上がらない時に無意識の運動指令を使えば、本当に一瞬で可動範囲が向上する理由は意識ではない別のやり方、無意識の使い方にあります。

本著で書く、新しく出てきた内容はまず五感。五感を高めるとカラダは無意識に動きのレベルを高める。五感はカラダの動きと繋がるので、動きながら五感を高めていきます。

例えば異臭を感じた時に動物は身を守るために、一瞬で動ける最適な姿勢を取るそうです。これが無意識の運動指令による効果です。また赤ちゃんを見ると自然に笑顔になります。これも意識ではなく無意識の視覚に対する効果です。五感には無意識と繋がる役割もあります。意識と無意識は同じ場所にあり、それぞれの役割を補い合います。

普段あまり気にかけていませんが、カラダと地球（自然）を繋ぐ五感は人工的な社会環境を介することで本来の働きから大分遠い働きを強いられています。街で見る世界は建物に覆われ地平線は見えません。空も全部の姿を見ることはできません。本来の視野を大きく遮る人が作った世界。スマホやパソコンの世界も現実を画面に閉じ込めた世界です。本来の視覚の世界とかけ離れた世界は、きっと何がしかの問題を引き起こしている可能性があります。

匂いも音も触れるものも、そして食べるものも、自然から離れた人が作ったものが世界を覆いつくしています。人工的なものにばかり触れているのですから、五感も自然から離れてしまっている可能性があります。世界中の人々が平等に離れているのでその弊害に気がつかないままに。

五感は生きる物差しです。五感を取り戻す、五感の働きをカラダの動きに繋げていく。思いもよらない運動は思いもよらない良い結果を運んでくれます。

五感が高まったら、次に地球の力を借りる運動。五感は地球と繋がっているので五感を高めると地球の力を借りやすくなる訳です。心身が疲れた時に海や森に出かけて自然に触れるとそれだけで回復します。自然との触れ合いにより、カラダが元気に動き、心も癒されていきます。一体なぜ？　その理由を本書で説明していきます。武術家は戦の時代に現代とは比べようがないほどのストレスに心身が晒されていたはずです。その時代の心身を健康に保つ秘密が地球の力を、場を変えないで借りることなのです。


その他に呼吸法やグレイシー柔術の新しい解釈。その解釈を元にしたグレイシー柔術で健康になる運動。前作では使わなかったビューティーローラーや保冷剤やスプーンを使って無意識の運動指令を引き出す運動……など盛り沢山の内容です。

無理せずに簡単に早く効果が出る。ただ頑張って意識の力で運動をする今までの運動とは違った、心とカラダに関する向き合い方の一冊です。カラダの問題でお悩みの方。カラダに関する興味がある方。スポーツをもっと楽しみたい方。カラダに関するプロの方。一生懸命に努力をしても結果が出ない時、大概別のやり方があります。どんな方にもきっとお役に立つと思います。ぜひ手に取ってご一読下さい。

カラダが元気になると心も晴れます。

4 ● アンディの教え

格闘技のプロだった頃に、チームアンディでアンディからあることを教えてもらったことがあります。

アンディ・フグ……旧K－1のスーパースター、アンディが亡くなって20年と少しが経ちます。あの頃のK－1は旧K－1と呼ばれるようになりました。若くして亡くなってしまったアンディ。一緒に練習してスパーリングで殴り合って蹴り合って。練習が終わればさっきまであんなに怖かったのに、優しい笑顔で語りかけてくれたアンディ。アンディは結構試合でKO負けして、負けた相手に再戦でKOで勝つ劇的な試合を何度もやった名選手でした。

一度負けた相手と試合するのは凄く怖い。ましてKOされた相手ならなおさら怖い。その恐怖に打ち勝って鮮やかにKOで勝つ。日本中が熱狂したアンディの試合。

アンディはこんなことを教えてくれました。負けるのはしょうがない。負けて何をするのかが大事なんだ。負けるのには理由がある。負けるのは悔しい。普通はそこで終わる。負けるということは、その理由が分かることなんだ。だからそこを修正すると次は勝てる。だから記録することが大事なんだ。頭の記憶はあやふやだったりするんだ。メモを取れば何年たっても同じものが残る。メモを取って修正する。

メモは試合以外でも大切な記録になる。毎日の練習を必ずメモするんだ、そしてカラダの調子も。メモで良いんだ。毎日続けられるような簡単なメモを必ず書くんだ。毎日練習をやるんだからいつも調子が言い訳なんかない。調子が良い時と悪い時。その時の練習の記録があれば。調子が悪い時にはその原因が分かってくる。原因が分かれば戻し方が記録から分かる。調子が良い時には、それを継続させるために必要なヒントの記録がある。良い時も悪い時も記録がある。記録があればそれを元に良くできるヒントがある。続ければ具体的なやり方も記録になるだろ。それが大切な財産になる。どうやったら良いのか分からないなら勘でやるしかない。それじゃプロじゃないいんだよ。

負けた試合も同じさ。きちんと記録があって、それを使って練習で修正する。そうすれば負け

サインが付された、アンディとの写真。亡くなる少し前だった。

はただの負けじゃなくなる。負けは間違いになる。間違いが教えてくれることは沢山ある。多分勝ちよりも沢山ある。K-1の始めの頃は空手のデータしかなかった。だから試合が怖かった。今は楽しいよ。データがあるからね。……

笑顔で教えてくれたアンディ。

アンディの教えてくれた言葉から今こんなことを思います。健康になりたい。ただ思うなら簡単。実際に健康になるために効果が出る方法。それはメモを取ることです。ほんの少しだけで良い。その日やった運動と体調。そしてできれば食事も。ホンの数行のメモでいいんです。時間が経つとそれが財産になります。体調の良い時に何をしたのか。何を食べたら調子が良かったのか。それが分かっていれば具体的にやることが分かります。具体的に分かればそれをやればいいんです。やり方が分からないと、ただいたずらに困ったり悩んだりするしかないんです。

アンディが大好きだった日本。

古い時代の日本の健康に関する知恵を書いた一冊、それが本書です。

第1章

武術は地球の力を借りる

1 地球で豊かに暮らす知恵

人は地球に産まれ地球で暮らす。地球上の全ての生命は、地球で産まれ地球で暮らす。今のところ人類が知っている生命に満ち溢れた美しい惑星は地球しかない。地球は美しい惑星。地球という生命が生まれる場所には何でもある。

魚は陸地では生まれない。森に暮らす生命は森で生まれ、砂漠に暮らす生命は砂漠に生まれる。そこが生きるのに最適だからそこで生まれる。

全ての生命は生まれた場所が暮らすのに最適にできている。そこには既に必要なものの全てが用意してある。人の勝手な考えで砂漠の生命を、砂漠は辛いだろうと思い、環境を移し替えればその生命は酷い場合には逆に生命の危機にさらされる。

魚はスイスイと水の中を泳ぐ。ほとんどの生命は泳げるカラダの仕組みを持っていれば、何も考えないでも泳げる。人だけが、泳げる人が沢山いるのに泳げない人もいる。人は思考で泳ぎを考えて練習して泳げるようになる。思考に恐怖が入ると泳げなくなったりする。泳げない人は水が怖い。人は恐怖や負の方向の思考によって病にもなったりする。思考とカラダは深い繋がりを持つ。そして環境とカラダも深い繋がりを持つ。

生命は全て暮らす環境に一番最適な姿と動きを持って生まれる。そして一生を健康に過ごす。これが地球と生命と誕生の仕組み。生まれた場所には必要なだけの水も食物もある。一体どうしてこのように上手くいくのか？　その理由は科学が発達した現代でも解らない。もしかしたらこの先も解らないのかもしれない。

地球には空気があり、太陽が降り注ぐ。太陽は一日中照らし続けることはなく、夜には月に替わる。昼と夜があるお陰で生命のバランスは保たれる。

全く想像もつかないような生命の仕組みで地球は覆われている。可もなく不可もなく。おそらく最適の神の配分のようなもので地球はできている。普段気がつくことはないが、生まれること、生きることは既に最高の場所にいるということ。

日本には自然に上手に手を加え豊かな暮らしを営んだ時代が2度ほどあります。自然との共生関係を作りあげ、地球の力を上手に頂いた時代。最高の場所で上手に暮らした時代。

一つ目は縄文時代。もう一つは江戸時代です。縄文時代は何千年も続き、その間争いごとの記録がありません。人類史上でも不思議な時代。縄文人は自然を敬い大切にすることに長けていました。また縄文時代には貨幣というものは存在しませんでした。縄文人は貯蔵という文明も持ちません。今考えると不自由な暮らしにも思える、縄文時代とは一見不便で、でも実はとても便利な暮らしだったのかもしれません。

縄文人は欲張るということをしません。貨幣がなければ必要以上の欲望は出て来ないのかもしれません。人はお金がからむと悪事を働く。時には殺人にまで行ってしまうし、さらに大きくなれば戦争も起きてしまいます。

縄文人の仕事は狩りや豊かな自然からの恵みの採取が中心。狩りをして獲物を捕ればその日の仕事はお終い。今よりも遥かに小規模の集団生活を営んだ縄文人。誰かが獲物を捕ればその日の仕事は集団の全員でお終いになりました。みんなが食べる分だけあればいい。冷蔵とかないのだから、欲張って余計に捕っても、ただ腐るだけだから必要以上に欲張ることはしない。現代の文明では食品を冷凍して保存したり、防腐剤を使い食品を貯蔵する。縄文時代の完全無添加の新鮮な食材とどちらが豊かなのだろう?

縄文人は貯めることよりも分け合うことが当たり前の日々を過ごしました。もちろん貨幣というものがないから貯金もしない。

縄文人の貯金とはおそらく自然を大切に維持することだったのでしょう。季節ごとの恵みは自然を大切にするだけで毎年やってくる。その恵みにはお金を払う必要がない。何もなかったような縄文時代。もしかしたら人々は現代の何倍も笑顔で日々を過ごしたのかもしれません。遥かな昔の日本人の祖先は、とても豊かな暮らしを営んでいました。これが日本のルーツ。その流れは、静かに今の日本の奥底に隠れています。同じものは日本の武術の奥底にも隠れています。暮らしを本当に豊かにするヒント。それはカラダを豊かにする知恵にも繋がっています。

江戸時代と同じころ、世界は大航海時代に入りました。同じ時代、西欧諸国は世界中を航海して侵略を繰り返しました。ちょうどその頃に日本は鎖国に入りました。鎖国が始まった江戸時代は戦国時代が終わり豊かな文化が発達した時代。人々は質素倹約に励みつつ日々の暮らしを謳歌しました。現代を遥かに凌ぐ高度なリサイクルシステムを作り出した江戸の暮らし。鎖国が解けた江戸時代の末期から明治の初期に日本を訪れた諸外国の人々は日本人の暮らしに驚愕しました。海外にもその記録は残されています。

この国の人々は信じられない程に質素な暮らしを営んでいる。ところが我々から見れば質素な暮らしを営む彼らは、皆一様に暮らしを楽しみ、笑顔で暮らしを営む。

いつの間にか彼らの暮らしぶりを羨ましいとさえ思うようになった。この国の医療というものは我々から見れば非常に拙い。ところがこの国に暮らす人々は驚くほど健康で、心も陽気で人懐っこい。

またある外国の記者は本国に向けてこのような記事を書いて送りました。この国に天国を見たと。山があり綺麗な小川が流れている。山の麓の村では自然の景観を崩すことなく田んぼと畑が綺麗に景色と調和している。空いた場所には果物の樹もある。花も綺麗に咲き誇る。

全てが自然の景観を壊さずに調和している。人々が暮らす場所には暮らしに必要なものが全てあり、自然と調和しながら暮らしを営んでいる。そこで暮らす人々は皆が笑顔で暮らし、健康そのものに見える。天国とはこのような場所を呼ぶのではないだろうか？と。

地球の力を借りれば、そして欲張り過ぎなければ、きっとそこに暮らすだけで地球こそが天国なのでしょう。地球で暮らすカラダもきっと同じなのではないでしょうか？

2 豊かに思える文明の代償

昔の人は今よりも元気だったように感じる。衣食住の全ては今の方が豊かにも感じるのに一体なぜなんだろう？　その理由は地球との関係が薄れたことにあるのかもしれません。

地球はそのままで、生きるのに必要な全てを与えてくれます。まるで神様が無償の愛をくれるかのように地球は無償で必要な全てをくれます。またそれは循環し、絶え間なく必要な恵みをくれます。そこで暮らす人以外の生命はみんな健康です。人は何かの間違いをしているのかもしれません。間違いを起こせば必ず報いを受けるものですから。

間違いとは多くの場合気がついていないことが多い。現代の多くの人々を悩ませる腰痛や肩こり、何となく体調がすぐれない…これらを不定愁訴と呼びます。不定愁訴は原因が分からない。だから明確な対処法がない。うつ病などの心の問題も明確な対処法はない。どうしてなるのか原因が分からないからです。

原因が分からなく有効な対処法がない。だとしたら何かが間違っているのかもしれない。昔の人は今よりも不便な暮らしをしていましたが、その分カラダをきちんと使って暮らしていました。そして今よりも心身ともに元気でした。〝地球と共に暮らす〟。文明が発達するに従い、この大切な原理原則が忘れられて、頭で考えた〝便利〟が生活と環境を覆いつくし、その分だけカラダが不自由になります。体が不自由になると、今度は心までも不自由になっていきます。

宇宙の全てをまとめ動かす未知なる力は、発見されていないだけで間違いなく存在しています。宇宙は一体なぜバランスを崩さないのだろう？　地球はなぜ形を変えないで、そのままなんだろう？　なぜ水は雨になり、川に集まり海に流れてまた雲になって降り注ぐのだろう？　本当のことの全ては誰にもまだ分かりません。宇宙全体の力は、地球と関係しています。人のカラダをまとめる未知なる力も地球の力と関係しています。

全ての未知の力は無意識の力にも置き換えて考えることができます。意識と無意識は別のものではありません。知っているかいないかに過ぎない、同じ場所にある一つの存在が意識と無意識なのです。宇宙全体をまとめる力は一つ。解明されて知っているのが意識の範囲の知識。知らないからといって決して存在しない訳ではありません。むしろ知らない世界の方が遥かに多いに決まっています。カラダに関する意識もホンの少し知っている世界、〝無意識〟は本当は存在するのに理解がまだできない知らない世界、と言い換えることができます。

人類がホンの少しだけ知ってる世界、現代の化学や物理の知識で地球とカラダの見えない関係を武術を元に紐解いていくと、誰も言わなかったような武術とカラダの仕組みに気がついたりします。ここでは全てをまとめる不思議な力を仮に電気的なものと呼びます。不思議な力はカラダ全体にあると仮定します。例えばカラダの細胞の一つ一つにも。さらには細胞を司る原子の一つ一つにも。

原子は正の電荷を帯びた原子核と、負の電荷を帯びた電子から構成されると考えられています。その集合体であるカラダは、正に電気的なもので全てができています。原子は電気的な何かの関係性でお互いに引き合い反発し合い、時にはエネルギーを発生させ、時には構造までも変化させます。


地球には引力があります。引力は電気的なものと反応し変化します。引力によって生じる物質が移動する時に産まれる力にも電気的なものは反応して変化します。

これはフレミングの法則です。電気と磁力と力の３つはお互いに関係し、お互いの変化により影響を受けながら変化します。地球でカラダを動かす時には、常に電気的な変化が細胞単位で起きているのです。

簡単に言えば、カラダは感じることのない地球の未知のエネルギー…引力や磁気などを常に無意識に受信していて、その情報はカラダが動くたびに変化しながら、内臓も含めた細胞の一つ一つに届いています。意識できないこれらの情報はカラダを動かす時に無意識に影響を与えています。

立つという意思を感じて人は立ちます。その時には必ず感じることができない莫大な情報を無意識に感じています。無意識の運動指令が働くから、人は色々な変化のある場所で立つという意思だけで、何も考えないでもそれこそ細胞単位でバランスを整えて立つことができます。

無意識の運動指令が受信するこの未知の情報は常に体と地球の関係で変化します。人の生命活動には意識と無意識があります。この二つは別々にある訳ではなく、陰陽のバランスのように絶妙な配分でお互いを助け合い活かし合っています。実は無意識の方が遥かに多くの情報をカラダに伝えているのです。

現代のカラダの問題の原因不明の多くは、素晴らしいカラダの力を活かす無意識の世界との関係を無視して人が手を加えて便利になった地球との関係によるものだと仮説を立てることができ、人の感じる意識は人が思っているほど当てにはなりません。

大相撲では土俵の上で稽古をします。土俵は滑りやすく動きにくい場所です。土俵の上にはわざと砂を撒き水も撒きます。頭で考えると、滑りやすく力は出にくいように思えます。一つ実験してみましょう。

普通の場所で相撲のように力を入れてみます。感覚的にはこちらの方がしっかりと地に足が着いて安定しているように思えます。実際にやってみると足指に力が上手く入りません。

今度は足指に力が入るように、少し動かすように足指を着いてカラダを上下させます。頭で考えれ

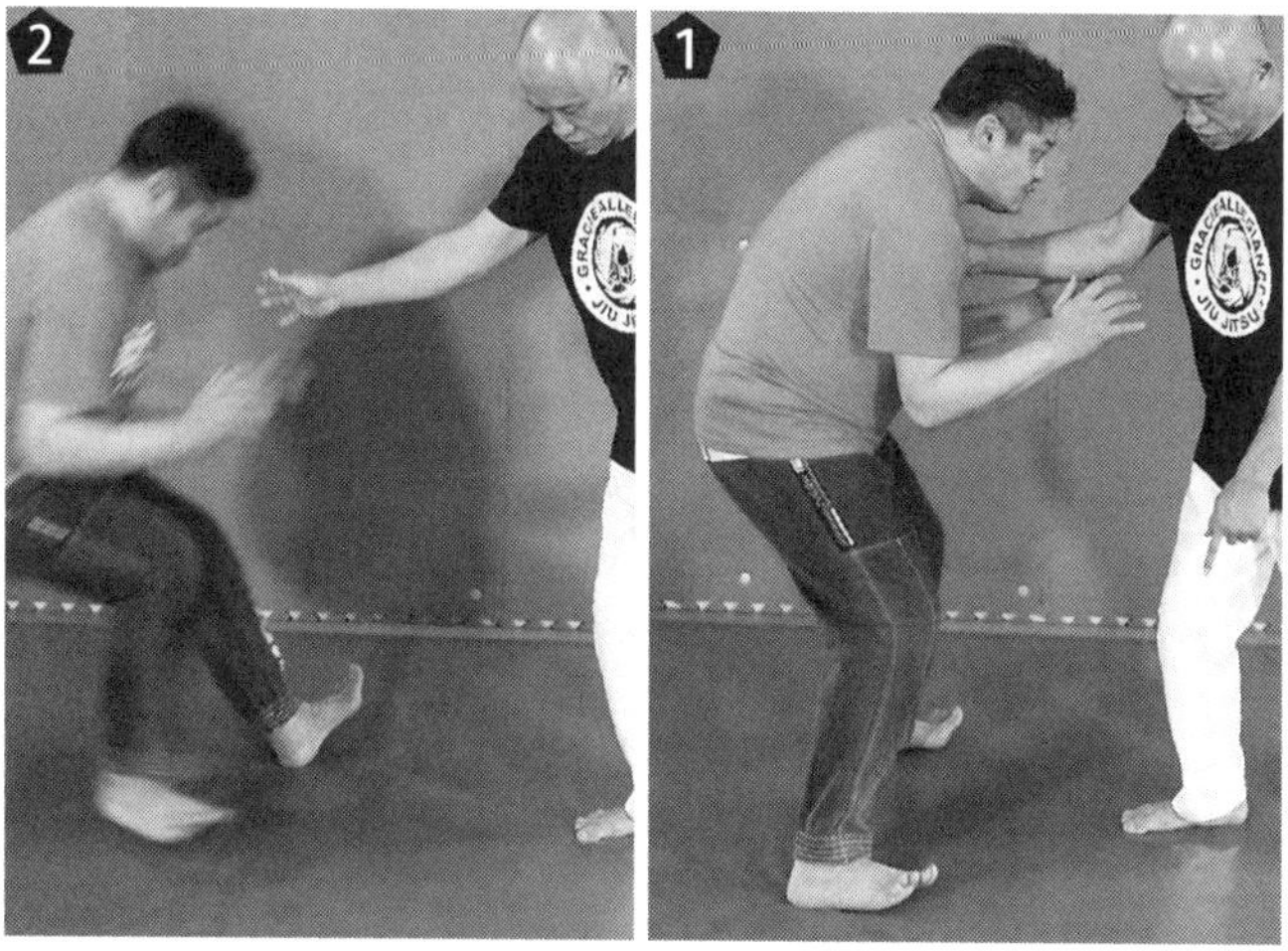

自分では強く立てているつもりでも、押されれば簡単に揺らいでしまう。これは実は足指にまで力が入っていないため。

ばこれで足指に力が入ります。ところが足指に力が入っても今度は腰に力が入らなくなります。

これが地球とカラダの関係の真実です。いくら頭でカラダ全体を繋げて動かそうと考えても、カラダが受信する無意識の運動指令は自然にはないほどに動きやすい場所の情報を脳に送り、その指令によってカラダは不自然に楽な動きをします。人が作った便利な場所は不自然に楽な動きをしてしまう場所でもあります。いくら頭で考えてもカラダは無意識に全身を繋げて動くことを拒否してしまいます。

大相撲は昔から土俵で稽古をします。この原理を経験的に知っているから土俵で稽古をするのでしょう。昔の人は何もしないでも、今の何倍も元気でした。その理由は自然に手を加え過ぎない暮らしにあります。今ほど手を加え過ぎない暮らしの環境が、足指に力を入れる事を意識して踵を上下させる。この予備運動によって、足指に力が入るようになってくるが……。

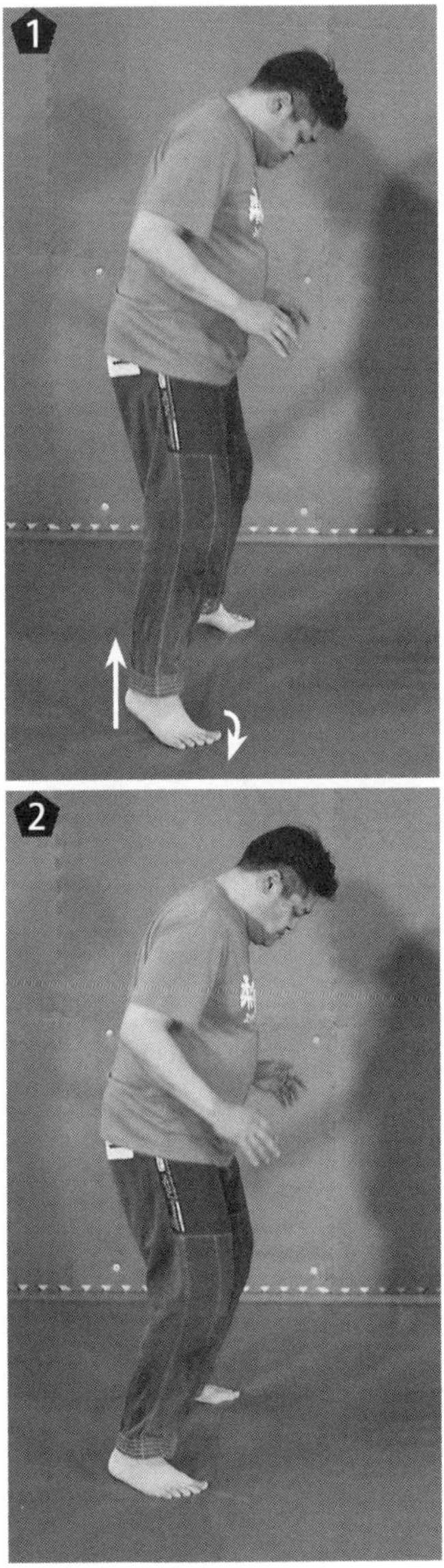

右の運動によって足指に力が入るようになったが、今度は押されれば腰に力が入らなくなっていて、崩れてしまう。整えられた、一見踏ん張りやすそうな足裏接地環境が、体に〝楽〟をさせてしまい、〝全発動〟をかなわなくしている。

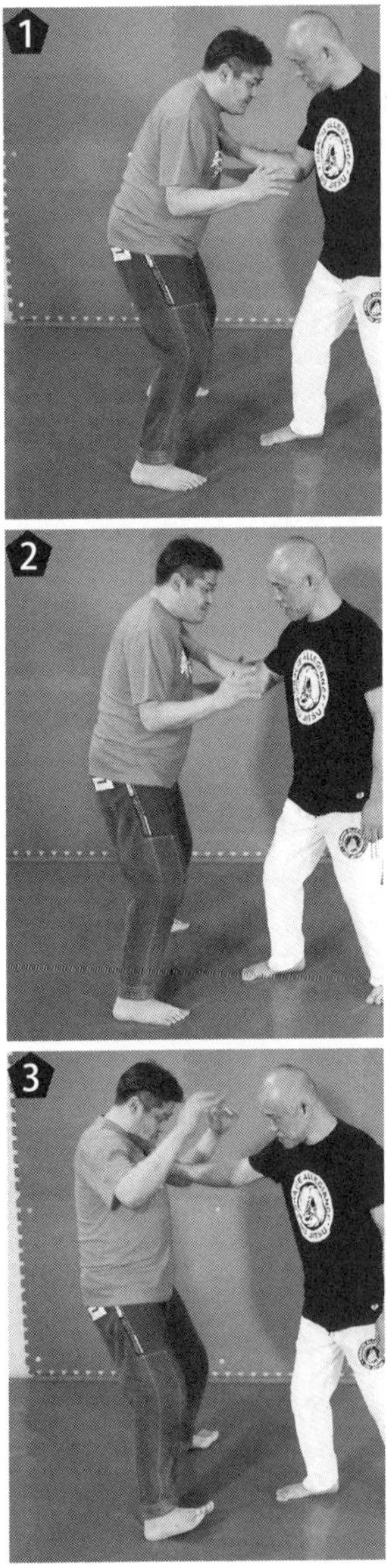

カラダに元気を無償で与えてくれたのです。現代の人も、自然に触れて昔の人々のような暮らしに戻れば元気になるような気がしませんか？

閑話休題　生命と地球との関係は持ちつ持たれつです。地球は生命に恩恵を無償で与えてくれます。そして生命も無償で地球に受けた恩を返しています。地球は全てが繋がることで正しい状態を保ちます。全ての生命は生きる時に、豊かな地球の恩恵を受け、死ぬと土に還り、大地を豊かにする養分になっていきます。植物や動物を食べて栄養として生命を維持します。その結果排出される全ては、本来土に還り豊かな大地を再び作り出す養分になります。これが正しい循環です。

水洗トイレになり、便利になった結果、大地、その中でも特に農地の豊かさが失われつつあるという話を聞いたことがあります。元々そこにあった植物を食べて、その栄養を消化して排出されると次にその土地で育つために最適な養分になります。その循環を化学肥料を代わりにすると、大地の持つ本来の力が失われていきます。野菜の栄養価が近年落ちているのも当たり前のことなのです。また山に必要以上に人の手を加えることも、豊かな地球の力を借りることをできなくしてしまいます。山を切り崩し山林が減れば、水の循環にも異変を起こします。

地表にも人はどんどん手を加えています。この方が便利で暮らしやすいと人の思考だけで考えて作り出された人類が暮らす環境。そこでも農地や山林で起こるのと似たような現象が起きていても不思議ではありません。

人工的な食べ物から自然に回帰しようとする人は、年々増加している気がします。そして食べ物だけでなく、目には見えない何かの変化によって、人のカラダの内部の豊かさが年々少なくなっていると感じたりもするのです。

3 カラダにおける意識と無意識

古い時代の大陸の武術に心意六合拳という拳法があります。心意六合とは心と意、意と氣、氣と力。この関係を「内三合」と呼び、手と足、肘と膝、肩と股……この関係を「外三合」と呼びます。「外三合」はカラダの外側の筋肉のバランスのように思えます。カラダの内部、見えない部分の「内三合」を、無意識の運動理論に当てはめてみると、なかなか面白いことが見えてきます。

「内三合」の関係性はおそらく意識と無意識の関係性です。武術は一つの事象を陰陽で表します。心と意とは？　意識と無意識の関係。心が自分が感じられる意識、そして意とは自分で感じられないカラダの意識である無意識です。

カラダを動かす時に人は頭（心）で思います。その時にカラダは動くたびに起こる地表や触れるもの全てに対しての情報を集めてカラダの詳細な動きを決める（思う）訳です。本書でとりあげる〝無意識の運動指令〟が意に相当するものです。カラダを動かす電気的な指令（氣）は陰陽2つの存在で成り立ちます。

意と氣とは？　自分の意思でカラダを動かす時に、変化する周囲との情報（意）が内側の詳細な動きを決定します。それが氣に相当するものです。氣とは自分の意思とカラダの意志の2つが重なった時に生じます。脳に集まる2つの情報意識と無意識、心と意の重なった情報（氣）が正しければ健康、変になれば病になります。病気とは氣の病と書きます。つまり意識と無意識のお互いが正しく働き重なった時に正しい氣が流れるのです。

氣と力とは？　氣（電気的な情報）が、カラダを動かす時に、体全体の詳細な動き（力）を決めます。人が手を加えない本来の豊かな地球で豊かに暮らす時にこの2つの運動指令（意識と無意識が重なった運動指令＝氣）は正しく働きます。

心意六合の「外三合」……手と足、肘と膝、肩と股はカラダのバランスに関して重要な部分です。ここはおそらく意識で調整できる筋肉の動きと感覚で整えて動きます。正しく自分の意志で動く、そこに「内三合」の感じることのできないカラダの内部で感じている動きの指令を重ねる。これによって動きは完成に近くなります。完成した動きとは自然の中でそのまま動く時に無意識に起こる動き、本来の生命が持っている動きです。魚がスイスイ泳ぐ、鳥が空を流れるように飛ぶ、この動き。自然の中で暮らしカラダを動かす野生動物は全て、スイスイ泳ぐように、生きる場所でカラダを動かすのです。

東洋の人々は目には見えない大切なものの存在を昔は知っていて、それをわきまえて生活を営んでいたのでしょう。征服ではなく自然との共生。人の都合で変えてしまった分、失った力を引き出す術が武術の術だと考えられます。武術とは体の中に隠れた、感じることがない見えない力を引き出すのです。これは身体開発ではなく、身体発掘。眠っている隠れた能力を引き出すことが武術のカラダに関する知恵になります。あえて余計なことをしなくても既に必要なものは全てカラダに備えてあります。身の程をわきまえた自然との共生。日本人を支えてきた根幹思想。この思想に支えられて武術の原理が存在します。古の時代には武術は医術とも重なっていたのです。

カラダの中で自分の意識（思考）で自由に動くのはほぼ筋肉だけです。それ以外のほとんどの、内臓の動きなどの生命活動は意識の外側にある、カラダの思考のような無意識の世界で行われています。なぜそうなっているのかは分かりません。ただ生命活動の全てを意識で行うのは不可能だということは分かります。カラダを動かす時の意識と無意識の関係を筋肉と骨格を例にして考えてみましょう。

筋肉と関係が深いのは骨格です。骨格は自分の意志では動きません。一体なぜ動けないのか？　あまりそんなことを考える人はいないでしょう。カラダの動きは筋肉で行うのでどうしても筋肉に注目がいくのは当たり前のことです。ところが日本の古流武術は骨格を大切にします。こんな仮説を立ててみました。骨格は自分の意志では動かせない。だからこそ筋肉は正しい動きができる、というものです。

骨格は意志では動かないので、地表の変化に対する変化を感じながら引力の力を借りて地表に合わせて上手に動きます。引力の力で常に自分にかかる力が生じるので、骨格は常に無意識に地面や触れたものに合った状態で正確に動きます。この変化に合わせて筋肉が最適な動きを行います。実際に自分の意識で動く筋肉の動きだけでは変化に富んだ場所で自由自在に動くことは難しいのだと想像することができます。

この仮説は一冊の本の文章を元にしています。

『健康を取り戻したければ「骨の電気」を整えなさい！』浅井融著　現代書林刊　より

「骨の電気」が生じる仕組み

さて、結晶構造の物質の中には、圧力をかけたときに、その中で電気的にプラスのところとマイナスのところが生じるものがあります。この現象はピエゾ効果（圧電効果）と呼ばれ、そのような性質のある物質を圧電体と言います。

（中略）

このピエゾ効果は骨でも生じています。骨を形作っているコラーゲンとハイドロマキシアパタイトはどちらも結晶構造の圧電体であり、圧力を加えることでプラスのところとマイナスのところが生じて、そこに電圧が発生しているのです。

体の姿勢や動きに伴ってさまざまな方向から圧力を受けている骨は、ピエゾ効果によって、その圧力をうまく支えられるようにリモデリングされていくと考えてもいいでしょう。

骨を構成する物質には、重力によって生じる重さの変化の力によって電気的なものを発生させるものが含まれています。つまりカラダを動かす度に、接触する部分の変化と動く際に生じる力の変化によって電気的な変異が起きる訳です。骨も生きているカラダの一部ですから、当然細胞単位で情報のやり取りが行われている可能性は高い。骨は動けないが、そのお陰で無意識に地表と最適な接し方をします。そしてその時には骨には電気的な変化が生じます。カラダを動かす際に無意識に触れたものと最適な接触をする骨から色々な情報をカラダに発信している可能性は非常に高い。

骨は動けないのに、骨折すればどんなに強靭な筋肉を持っていてもカラダは動きません。武術では骨を操ることで筋肉では届かない不思議な力を発揮します。骨から発せられる未知の情報が筋肉を動かす詳細な情報を発信している可能性はとても高いと考えられるのです。

骨は自分で動けないからこそ、間違えることなく地球と引力の関係によって無意識に正確に動きます。本来の環境であれば常に骨格が正しい動きをするのでカラダは健康を常に維持できます。人の手が加わり楽に暮らす分だけ、骨格は不自然な動きを無意識に行ってしまいます。骨格の動きが不自然になれば筋肉も無意識に不自然な動きをするようになり、自分の意識を超えたカラダの不調、不定愁訴などが起こる訳です。

筋肉は騙されやすい。これは古くから伝わる武術の口伝です。相手が思いっきり全力で押してくる。その時に骨に触れて少しずらす。この時にカラダの情報としては自分の意志よりも多くの情報、くずれた骨格の情報が脳を介して筋肉に伝わります。その結果筋肉が騙されて思うような力が出せなくなります。この状態は姿勢が悪かったりして不定愁訴が出ている時にも起きています。いくら頑張っても腰痛や肩こりが改善しないのは骨格の歪みが原因なので、大元からの情報を正さないで筋肉を緩めても上手くいかない訳です。

次章からは具体的に無意識の運動指令を引き出す運動を紹介していきます。無意識の運動指令でカラダが変わるのにかかる時間は0秒です。

意識で考えた動きでは0秒で変えることは不可能です。そして限界も低い場所にあります。意識で汗をかける人はいません。ところがサウナに入れば誰でも汗をかきます。無意識の運動指令は地球との繋がりにおいて最適なカラダの働きを無意識に行う機能なのです。意識では届かないカラダの奥が無意識の運動指令で変わるので、サウナに入った瞬間にその機能は発動します。つまり汗をかくという指令は瞬間的に0秒で発せられます。熱いものに触れて手を離すのも0秒です。環境の変化によってカラダの状態は0秒で変わります。

本書の運動は全て無意識に持っているカラダが奥から出す力、底力を無意識に出すための知恵です。この知恵こそが古い時代の日本の武術の宝なのです。意識は知恵でもあります。知恵の限界、化学や医学の限界をわきまえて活かし方を工夫する。やがてそんな時代がやってくるのかもしれません。

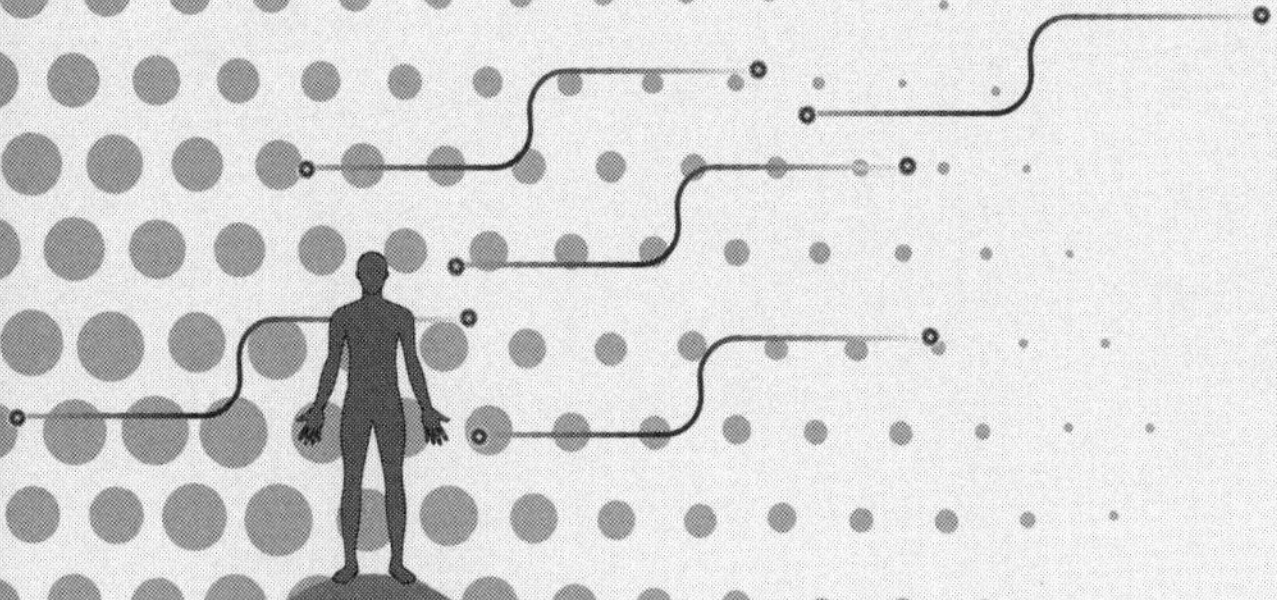

第2章

指先が最初に地球に触れる

1 五指に関する口伝

武術には古くから数多くの口伝が存在します。口伝とは稽古を重ねると出てくる疑問を解決するヒント、あるいは前に進むための道しるべのようなものです。立ち方3年歩法3年握り方3年。武術にはこのような口伝もあります。一見単純に見える動作に3年もかけるというものです。口伝がなければきっと、ただずっと同じ動作を繰り返すしかできない。ただ立つということ、握ること、歩くことに一体なぜそんなに時間をかけるのか？　ヒントは口伝にあります。五指の口伝には答えに繋がるヒントが沢山隠されています。

指先が一番はじめに地球に触れる。歩く時には足指が大地を、手で地球にあるもの全てに触れる。そこからカラダ全体の動きが始まる。五指がそれぞれの役割を果たすことでカラダ本来の動きが完成します。本来の動きは地球本来の物との触れ合いから始まる訳です。立つ、歩く、触れる（握る）。この3つの動きの始まりは指先から、単純な動作に指の本来の動きを加えます。これによりカラダは本来の動きに近い動きになり、カラダが持つ本来の機能を発揮することができるのです。３年かけてやることはただの動作ではなく、五指の正しい動きをカラダに繋げることだったのでしょう。

五指にはそれぞれに名前があります。名は体を表すとも言います。指の名称に指の役割の秘密が隠れています。隠れていたものを引き出すとカラダはスッと無意識に動き出します。

親指は五指の中で一番大きな力を持っています。そして他の４本の指と独立している。親は独立した存在で一番力があります。古い時代の日本の家庭では確かにそうでした。家の大切なことを決めるのも親でした。大きな力を動かす時には親指が働く。小指は一番小さく力も弱い。手を使う時には小指から動きがまとまる。家族で一番小さく、か弱い、それが子供。子供の存在が家族をまとめるのです。子は鎹《かすがい》という言葉もあります。子どもの存在が夫婦の愛情と絆を深め家庭が円満になる。親指と小指の関係もそうなのです。

薬指は昔は本当に薬を塗る時に使った指です。昔の塗り薬は高価だったので、無駄に多く塗らないことが大切だったのです。薬指には五指の中で唯一交感神経と副交感神経が一緒に通っています。この２つの神経は接触したものとの関係を的確に把握する機能を持っています。薬指は感覚的に一番優れた指です。大切な塗り薬を無駄なく塗るには薬指がもっとも適していたのです。また、力を

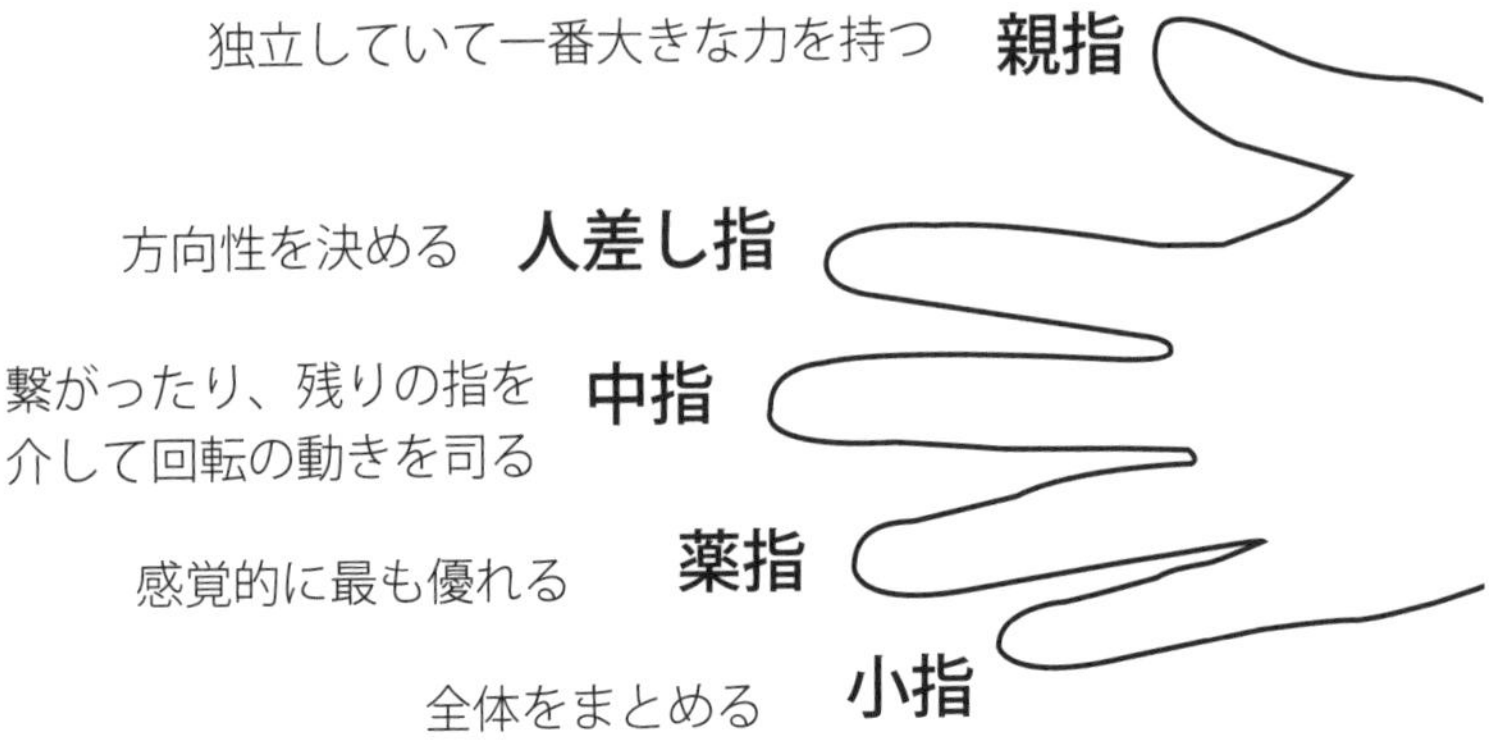

出す時には脇を締めます。脇を締める時には小指を締めなさいと教えられます。小指と薬指は根元で繋がっています。五本ある指の骨は根元で4つにまとまっています。小指を締めるとは小指と薬指を重ねて締めることでもあります。

人差し指は方向性を決める指です。何かを指さす時には、人差し指が一番向いています。人差し指を伸ばすと腕が良く伸びて、カラダも伸びます。

中指は中の指。中の指は繋がった残りの指を介して回転の動きを司ります。

これが五指の口伝です。普段何気なく使う指の名称にはカラダの動きを元にした意味が隠れています。また五指に関する口伝に指先はカラダの水先案内人というものもあります。指先の動きでカラダの動きが変わります。昔の人はそれを知っていたのです。

それでは実際にカラダを動かして五指を正しく使うことで起きる、無意識のカラダの変化を紹介しましょう。五指を動かす時にはカラダを捻じると効果が高まります。

2 指の動きでカラダを変える

腕を回転させながら伸ばしてみましょう。この動きに五指の動きの口伝を重ねます。前項で書いたように、人差し指を伸ばせば、腕はスッと伸びていきます。そこに親指と小指を重ねる動きを加えるとさらにスッと動きます。親子の仲が良いと家庭（カラダ）は円満（元気）なのです。次に親指と小指を離します。この動きをすると、筋肉に負荷がかかりキツイ動きだと感じる人もいるかもしれません。親子が仲良く暮らしたら、やがて親離れ子離れの時期がやってきます。子育てよりも子離れの方が実はきついのです。カラダの動きは陰陽だから、この２つの動きをやることで、より高い効果が得られます。この五指の運動は、カラダ全体の動きに関係するので、ストレッチや色々なスポーツの動きにも良い効果が期待できます。

段階を踏んでカラダが良くなってきたら次の運動に進みます。人は赤ん坊の時代から段階を踏んでカラダと共に動きも成長します。寝がえり〜ハイハイ〜つかまり立ちと進み、歩けるようになっ腕を回転させながら上方へ伸ばす。人差し指を伸ばすようにすると、腕はスッと伸びていく。

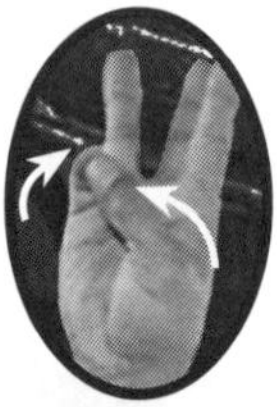

親指と小指を重ねると、さらにスッと伸びる。

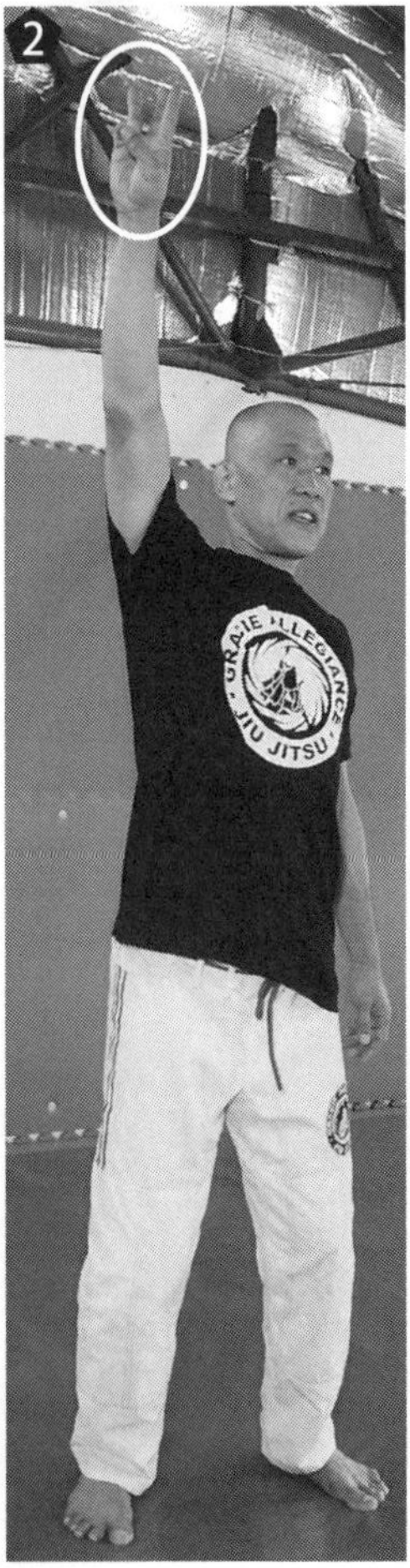

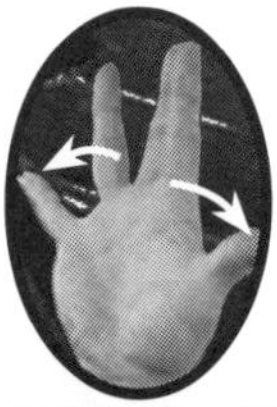

親指と小指を離すと、さらにスッと伸びる。

て行動範囲が広がり、さらに跳んだり跳ねたりもできるようになります。行動範囲が広がれば地球との接触も多様化していきます。環境の変化によって、成長する時に置き忘れたカラダの奥の動きを引き出すのが、無意識の運動指令を使う運動です。段階を踏んで行うと効果が高まるのです。

親指と小指の関係が上手にできるようになったら、今度は薬指と親指を重ねてみましょう。小指と親指を重ねた時よりも可動範囲が向上しているはずです。慣れてきたら薬指と親指を重ねて次に小指を重ねると可動範囲がさらに大きく向上します。人差し指を伸ばした状態から始めてみましょう。

次は順序を変えてみます。親指と薬指を先に重ねて次に小指を重ねます。最後に人差し指を伸ばします。こちらの方がより可動域が向上します。本来は薬指で持つものとの情報を把握してから小指で腕の力をまとめて最後に動かすことをやるのです。この順番はものを持つ時に本来は一瞬で行います。日常で腕を動かす動作はパソコンやスマホなどを扱うことが圧倒的に多いので、指の動作自体が不自然になっています。不自然なものをいきなりきちんとするよりも動かしやすい順序で段階を踏んで良くする方が無理なくカラダが良くなっていきます。

人差し指は方向を決めるので伸ばす時には真っすぐに、縮める時には指を曲げて引っ掛けるような形にすると腕から肩そして肩甲骨へと筋肉の動きが繋がり可動域が向上してカラダの問題が人差し指を伸ばした状態から薬指と親指を重ねると、小指と親指を重ねた時よりもさらに可動域が向上する。

重ねた薬指と親指にさらに小指を重ねると、また可動範囲が向上する。

順番を変え、親指に薬指を重ね、小指を重ね、最後に人差し指を伸ばすようにすると、最大の可動域を実感できる。

解決していきます。

ここまで無理なくできるようになったら、次に進みましょう。

腕の筋肉は３つの流れに分かれます。つまり５本の指は３つの動きに分かれてそれぞれの役割を果たすのです。５本の指は実際にものを掴む時に、薬指と小指が繋がり４つの動きに、次に手首にある３つの骨の動きで３つの動き、前腕骨は２本だからそこで２つの流れへ、上腕骨は１本なので最終的に１つの流れとなって胴体へと繋がります。

この指の形ができるようになると肩の動きが無意識に奥から動き出してカラダの繋がりが出て来ます。３つの流れを組み合わせるように動かします。この運動は腕だけでなくカラダと奥から繋がって、無意識に動きが深く繋がるのです。

握り方３年なのだから、すぐには上手くできないのが当たり前です。ただ握ることは誰でもで

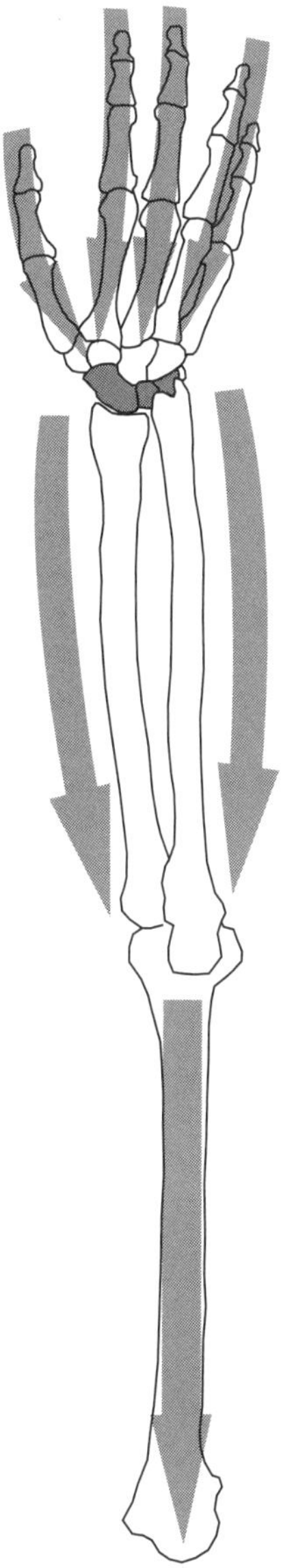

きます。そこにカラダの意を乗せることは武術の修行でも3年かかる訳です。親指と小指と薬指を動かして、カラダの動きと繋げるだけでも相当な効果があります。

頑張って健康になろうとすると案外体調を崩すことがあります。自分のペースでやってみて下さい。

外側の2つの繋がり…親指側と小指側ができるようになったら、次は残りの真ん中の流れを繋ぐ。ここから先は武術の稽古のレベルなので、参考にする程度でも問題はありません。

感覚と繋がりと力に、回転と方向性を加えるとカラダの動きが内側から向上します。薬指と小指を重ねて親指と一緒に握りこみます。残りの2本の指、人差し指と中指はVサインのような形にして真っすぐに伸ばします。真っすぐに伸ばしながら2本の指を開いたり閉じたりします。この時に人差し指に中指を巻き付けるようにすると見たことのあるような形になります。そう、忍者の手の形です。忍者の〝印〟には指を伸ばしたり縮めたり、開いたり閉じたりの動きが形の中に隠れているものと思われます。柳生心眼流にも型を稽古する時に様々な指の形と手の形がありますその中で代表的なものが忍者の手の形を握りこんだような手の形です。真っすぐ伸ばす指を握り込んだ親指と重ねて、親指で圧をかけながら握ります。真っすぐ伸ばした何倍もきつい運動になります。全ての手の形を正しく行うとカラダの機能が無意識に向上します。

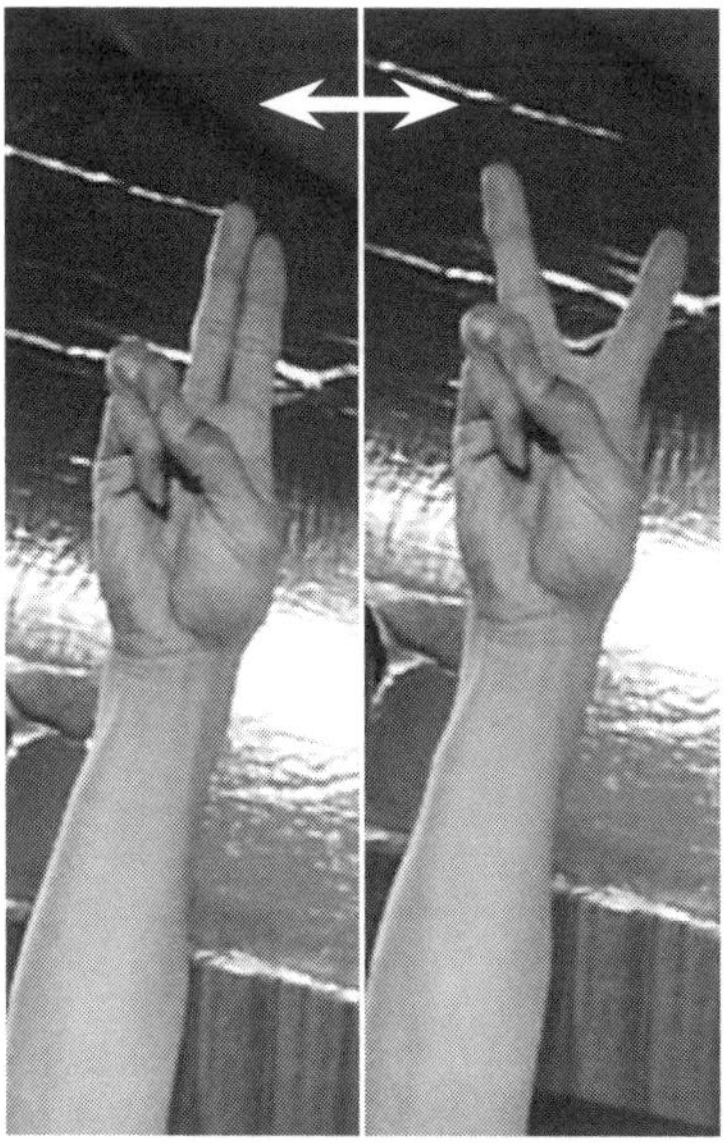

薬指と小指を重ねて親指と一緒に握り込む。人差し指と中指は伸ばして開いたり閉じたりする。

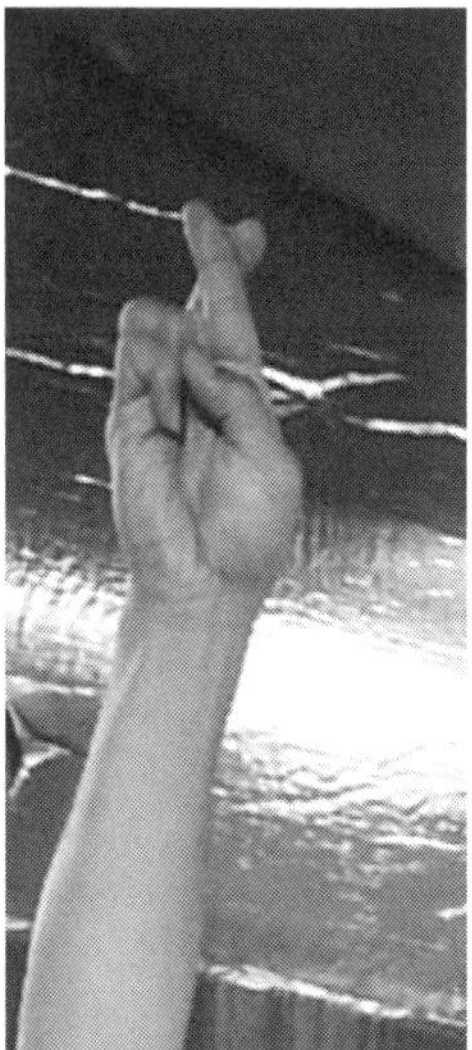

人差し指に中指を巻き付けるようにして、忍者の〝印〟のような形に。これもカラダを内側から覚醒させる方法の一つ。

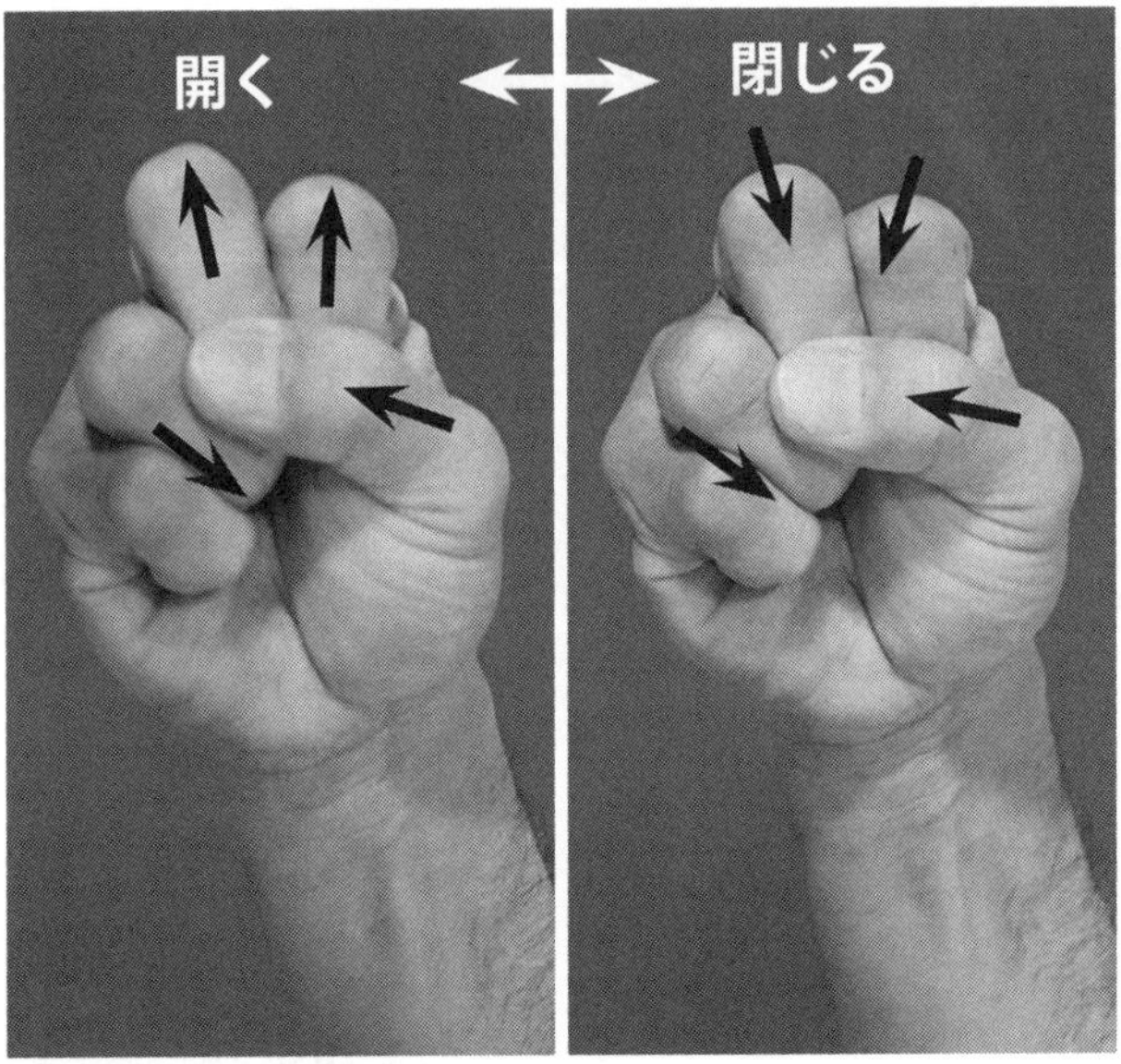

Vサインの状態から、人差し指と中指を握り込んだ形。この形を維持しながら、二本指を開いたり閉じたりしつつ全身運動を行えば、きついが、さらにカラダを奥から覚醒させて全身を繋げる鍛錬になる。

柳生心眼流においては素手だけでなく武器術もあります。素手と武器術においては微妙に手の形を変えます。刀を使う時には「辰の口」という手の形を用います。ボーリングのボールはそのままでは持てません。そのために穴が空いており、あれだけの重さのボールでも穴があると楽々と持って投げることができます。持つものや触れるものの形と手の形の関係で、動かす力は変化するのです。ボーリングのボールと手のような関係は刀と手にもあります。口伝を知らなければ活かしきれないただの刀の飾りに見える部分に稽古を重ねた辰の口にした指をかけると、無意識の運動指令が発動して強烈な威力を引き出します。刀の柄の形にも意味があり、手指の形にも意味があるのです。

素手の時には拍打手《はくだしゅ》という手の形を取ります。これも握り方によって楽々とボーリングのボールを投げることができるのと同じ原理の〝無意識に力が増える〟ことを知っていたからこその工夫です。

古い時代には喧嘩になった時に、拳でやり合う分には周囲は見物し、もしも拍打手の形を取ったなら周囲は慌てて止めたと言われています。同じ言い伝えは中国武術においても残っています。握り方を変えるとカラダ全体の機能が変わります。古い時代の人々はそれを知っていたから「指先はカラダの水先案内人」と呼んでいたのです。

柳生心眼流には色々な手の形があります。また空手や中国武術にもそれは共通しています。単なる攻撃の際に変える手の形だけでなく、おそらく多様なカラダの奥の動きを、段階を踏んでくまなく引き出すための知恵でもあったのだと推測できます。全ての指の形は、そこにカラダの意が乗ることが重要になります。意が乗った時にはカラダは無意識にスッと内側から意志と関係なく動きます。

無理なくできてスッと動きが向上します。これが現代における武術の知恵の正しい使い方です。かつては戦のために無理をしてでも日々繰り返していました。そうではない時代には昔の人々に感謝しながら日常を豊かにするために無理なく欲張らないでやるのが良いと思います。そのために分解した五指の動きを紹介しました。少しずつ少しずつ無理なくカラダを良くしていって下さい。

3 五指の無意識の運動指令をストレッチに加える

健康のため、あるいはスポーツを楽しむためにストレッチをする人は沢山います。昔の人々の知恵を重ねれば、同じストレッチが簡単に向上します。無意識の運動指令は単なるストレッチでは届かない力の向上という効果も同時に行うのです。自然の中でカラダを動かす時には柔軟性と力は同時に働くのだから、考えてみれば2つを分けて鍛えるのは理にかなわない運動でしょう。

この運動は全てのカラダを動かす時に平等に効果を得ることができます。代表的なストレッチで試してみましょう。

前屈と開脚は柔軟性を感じやすく、見た目でも効果が分かりやすい運動です。もう一つに捻転をやってみたい。腰や肩に問題があると振り返る動作や、捻じる動作がやりにくくなります。この運動は螺旋状の筋肉の特質である〝捻じる〟という運動を向上させます。

まず無理しないで立ったままで、指先の形を変えて回転させます。指先の形は親指と小指から始めます。まず初めは無理しないようにこの動作をしてからストレッチをすると可動域が向上してい

“指の動き”を併用したストレッチ

前屈や開脚を行いながら、人差し指と中指を開いたり閉じたりする動きを繰り返し行う。指の動きを併用するだけで、自然にカラダが深く動くようになっていく。

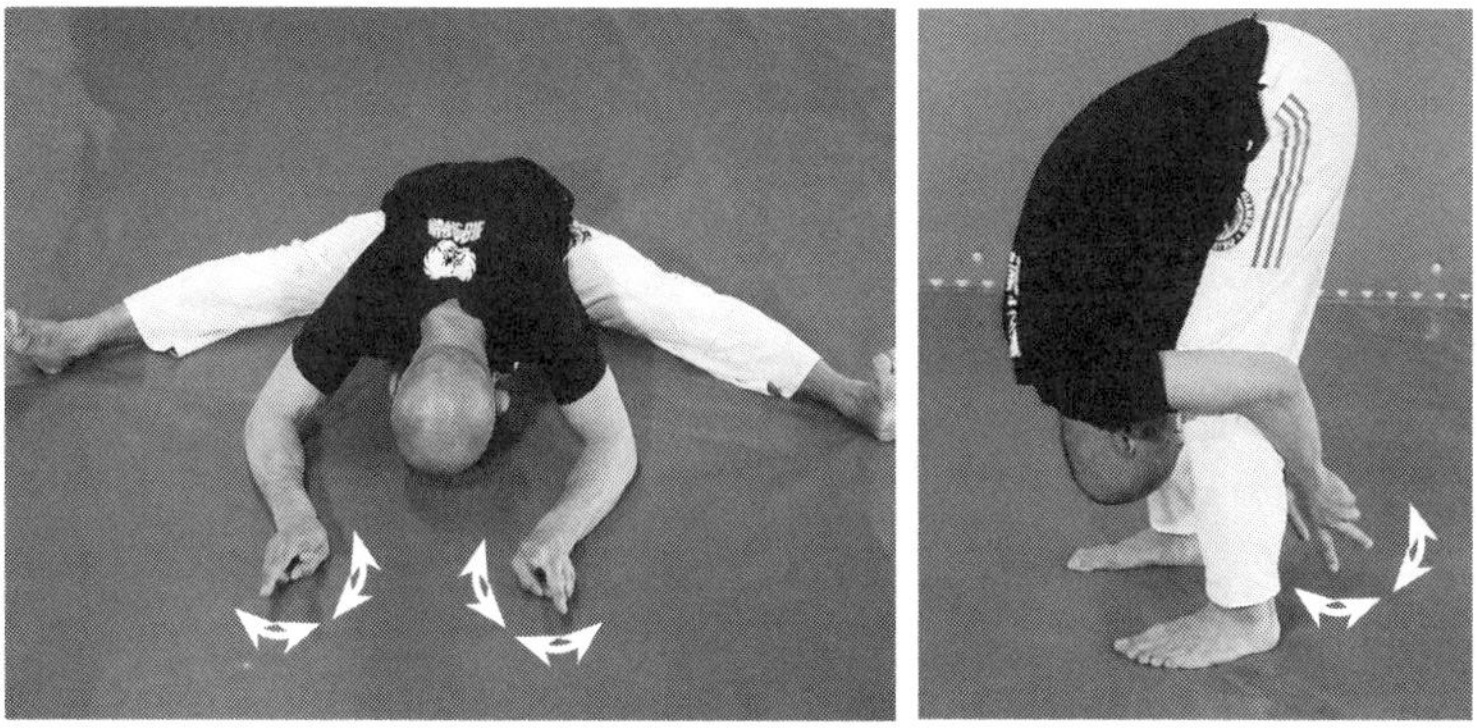

ます。腕を前後に回したり横で上下させるだけで指先からの指令で、無意識下にカラダ全体の機能が高めてくれるのです。この運動をしてからストレッチをすると可動域が向上します。可動域が限界近くになったら薬指と小指をくっつけるようにしながら親指で握り込むようにします。辛さを感じなければ人差し指と中指をVサインの形にして開いたり閉じたりをするとさらに向上します。

次にストレッチの動作を行いながら腕の動きを行います。動かしながら動作を重ねることによって効果は更に高まります。本章で紹介した指の動きの組み合わせを段階を踏んで進めば、ストレッチと組み合わせた時の効果も段階を踏んで向上していきます。カラダの状態に合わせて段階を経て進むのがコツです。紹介した色々な指の動きの組

"指操作"が動きを深くする！

パンチ動作を、伸ばした人差し指、中指を開閉する"V字指操作"をしながら行う事によって、体幹の捻りや肩甲骨の動きが深くなり、全身が総稼働した動きが引き出される。

通常のパンチ

"V字指操作"併用のパンチ動作

"Ｖ字指操作"併用のピッチング動作

通常のピッチング動作

野球のピッチング動作を〝Ｖ字指操作〟をしながら行えば、やはり体幹の捻りが自然に深くなり、全身が繋がった動きになる。〝指操作〟を利用した運動原理の応用範囲は非常に広い。

み合わせを段階を踏んでストレッチと一緒に行ってみましょう。
この運動の原理はストレッチだけでなく、カラダの動き全てに共通します。それぞれが必要な運動にこの運動を用いると効果が高まるのです。

4 立ち方3年そして歩法3年

手の次は足の指です。手と足は構造的に異なります。また足は手ほど器用に動きません。口伝に、手で動きを感じ、それを足に活かす、というものがあります。カラダの意が引き出される感覚をまず手で感じて、その感覚を足の動きに重ねてカラダの可能性を引き出します。その方が効率よくカラダの感覚が目覚めるからだと思います。ストレッチや運動でもはじめに手の動きを重ねてそれから足の指の動きを重ねると良いと思います。普段何気なく行う立つ、そして歩くという動作……どんな動作が正しく、どんな動作が間違っているのでしょうか？

宮本武蔵の五輪書に足遣いに関する伝があります。つま先を少し浮かせて、踵を強く踏むべきである、と。そして柳生心眼流を学び、同じ足の形を教えて頂き稽古を続けています。10年と少

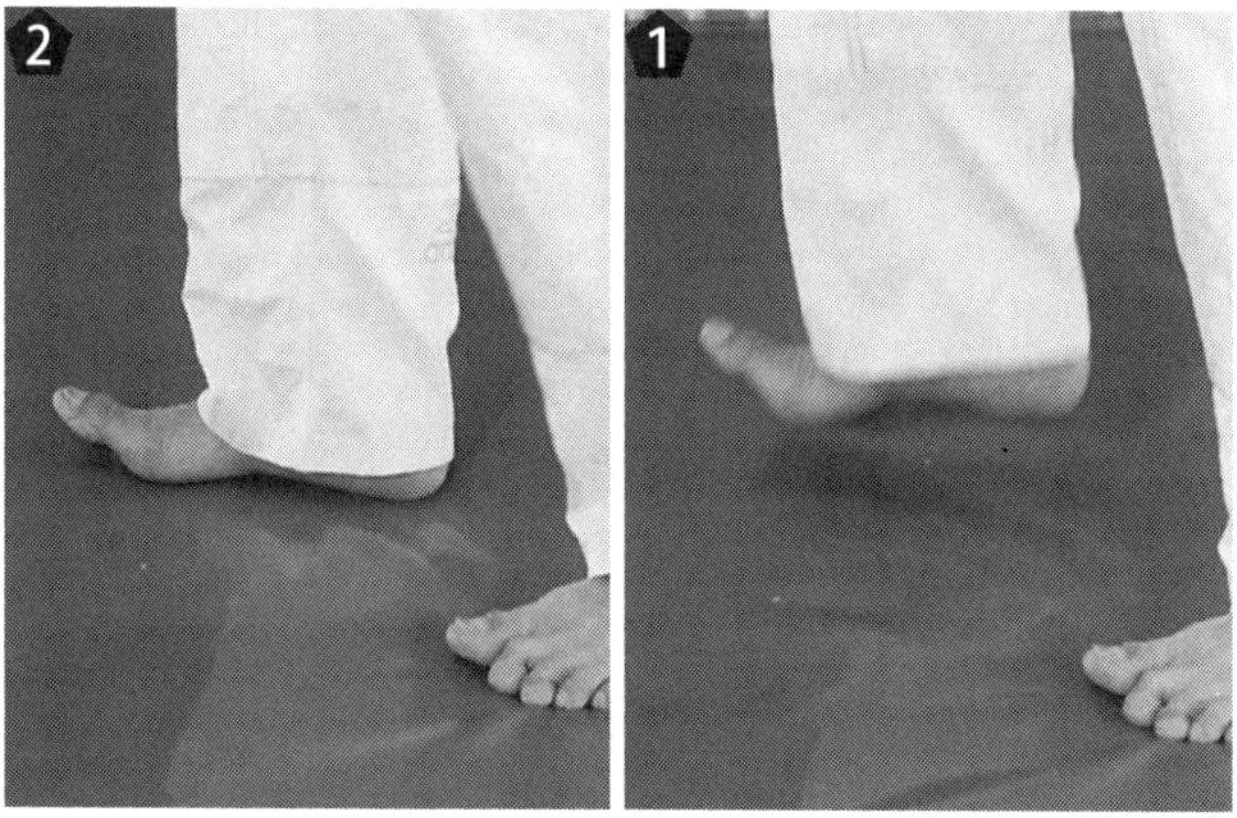

宮本武蔵の伝「つま先を少し浮かせて、踵を強く踏む」は、柳生新眼流の足遣いにおいても同じだった。

しやると、そこそこ理解が深まり、理解した意味がカラダから出てきました。

人のカラダは踵の上に乗っています。だから踵の上にカラダを置き、強く踵を踏む。その時に重要になるのが五指の働き。江戸時代においても道は人が歩くのでならされて歩きやすくなっていました。そうなると指先が的確に地面の情報を伝えることはなくなります。いや的確に伝わるからこそ、足裏の情報が、本来の足を着いて歩く場所よりも常に楽な歩き方を指示してくるのです。このことを知っていたので、つま先、つまり指を上げて踵を強く踏むという自然の中で行わない歩き方を稽古として伝えたのでしょう。

この歩き方を繰り返すと、カラダが安定してきます。もちろん、普段から常にこの歩き方をせよ、という事ではありません。

日常的にこの歩き方や立ち方を少しでもやるとカラダが

本来の運動指令の動きに近くなるので、基本の立ち方と歩き方を正常に戻すよい運動になるのです。この運動を続けていくと段々足裏の筋肉が変化していきます。足指の下の当たりに筋肉がついて踵を着こうとする時に踵が自然に浮くような感じになってきます。日常的に、よりバランスを取る歩き方をすると、足裏の筋肉がよりバランスを取りやすい形になってくるのでしょう。運動を続けると足指で地面を掴む感じも大きくなります。普段地面を掴まない歩き方をするのは、地面の凸凹を消して歩きやすくした道路のせいです。無理に地面を掴むより、上に向ければ足指は効率よく鍛えられます。裸足で踵を強く踏むと、踵を痛める場合があります。強く踏み込める足とは、足裏の形が変化して踏み込んでも踵が強い衝撃を受けない状態になった足です。

古流の口伝に、濡れた和紙を踏んでも破らないというモノがあります。大陸の口伝にも蟻を踵で抑えて殺さない、というものがあります。つまり踵は力を入れてもホンの少し浮くのが正しい足裏の形なのでしょう。

一般の人は無理をしないで勢いをつけて踏み込まずに、ゆっくりと足を降ろしながら踵から踏み込むようにします。はじめは踵を軽く踏み込みながら踵の上に体重を乗せます。この運動を続けると足裏の形が変化して踵を踏み込んでも踵がつかなくなってきます。それまでは踵を傷めないように踏み込む負荷を調整しながら行って下さい。江戸時代でさえ衰えていた足裏の形を作る

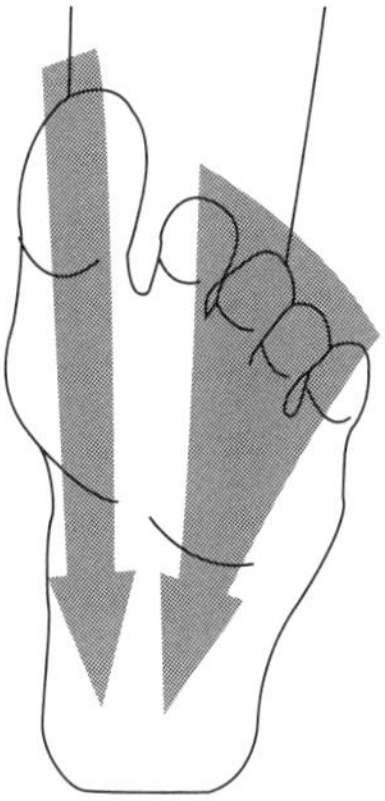

足における〝流れ〟は親指とそれ以外の四指という2つに分かれる。

筋肉です。無理をしないで少しずつ変えていくと、足裏から繋がる全身の動きが向上していくはずです。

足の構造は手と違います。骨格も筋肉の流れも違います。手で３本にまとまる筋肉の流れは足では２本のまとまりになります。足は親指と残りの４本の２つに筋肉の流れが分かれます。

足においても接触した情報を伝えるのは薬指と小指になります。歩法で親指を上げて残りの４本の指を下に曲げて地面を掴むように歩くと、接触の情報が大きく脳に伝わり、歩く時のカラダの意がより引き出されます。

この運動を段階を踏んで身につけ、カラダを元気にする運動を紹介しましょう。

まず踵の上にカラダを乗せて、足指を上げます。立つことから始めて、無理のない範囲で歩きます。そして無理の

“足指上げ立ち”での体動

踵の上にカラダを乗せて足指を上げて立つ。その状態でさらに軽く踵も上げるようにして、腕を前後、回転運動させる。

前後

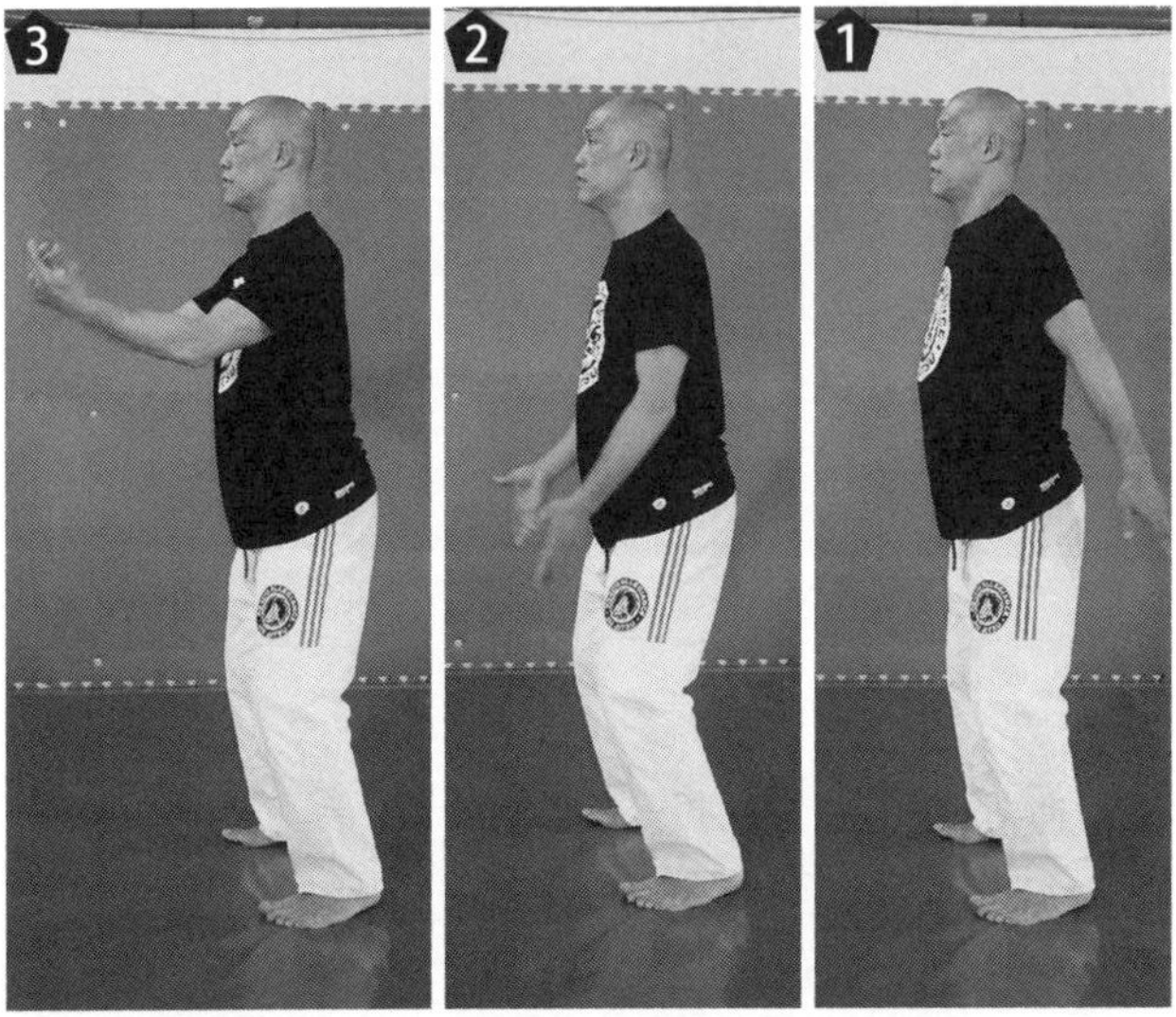

回転

ない範囲で徐々に踵を踏み込みます。また立ったままで足指を上げ踵も上げるようにしてカラダを前後や回転させて動かすと同じ原理の運動になります。この運動は太気拳で教えて頂いた運動です。ポイントは足指と足裏の動きなので、そこを意識すると効果が高くなります。

次に薬指と小指側を下につけて親指側を上げて立ちます。この時も踵の上にカラダを乗せてできれば足指は高く上げるように。この時も無理のない範囲で踵を踏み込みます。

足指の分離操作

薬指と小指側を下げて、親指を上げて立つ。無理のない範囲で踵を踏み込みながら歩く。

ここまで無理なくできるようになったら、カラダは大分元気になっているはずです。

ここから先は進み方の参考として頂ければと思い紹介します。

親指を上げて残りの４本は地面を掴むように、その時、薬指と小指側に体重をかけて踵を踏み込むように足を交差させて歩きます。単純な重量だけでは目覚めにくいカラダの意（奥の力）は動きを形に閉じ込めると引き出されます。普通よりも動きにくいとカラダは、普段出さない身体能力を無意識に引き出すからです。これが武術の身体能力の発掘方法です。元々ある隠れているものは自分の意識で開発するよりは、カラダを不自由にして出て来た無意識の動きを引き出した方が簡単に確実に正しい姿になっています。

次に足を高く上げて交差させて歩きます。最後に両手を骨盤に当てて足を交差させながら高く上げて歩きます。この歩き方が柳生心眼流に入門してはじめに行う鍛錬なのです。

現代では便利な暮らしによって、カラダの奥に眠る能力が著しく増えているので、いきなり昔の稽古をしてもなかなかカラダの奥の力は目覚めにくい。これは自分で経験したからよく分かります。同じ形で動いても、動かせない奥の部分があります。心の意でいくら頑張っても出ては来

交差歩き

足指の親指を上げ、残りの四指は大地を掴むように立つ。薬指〜小指側に体重をかけて、踵を踏み込むように、足を交差させて歩く。

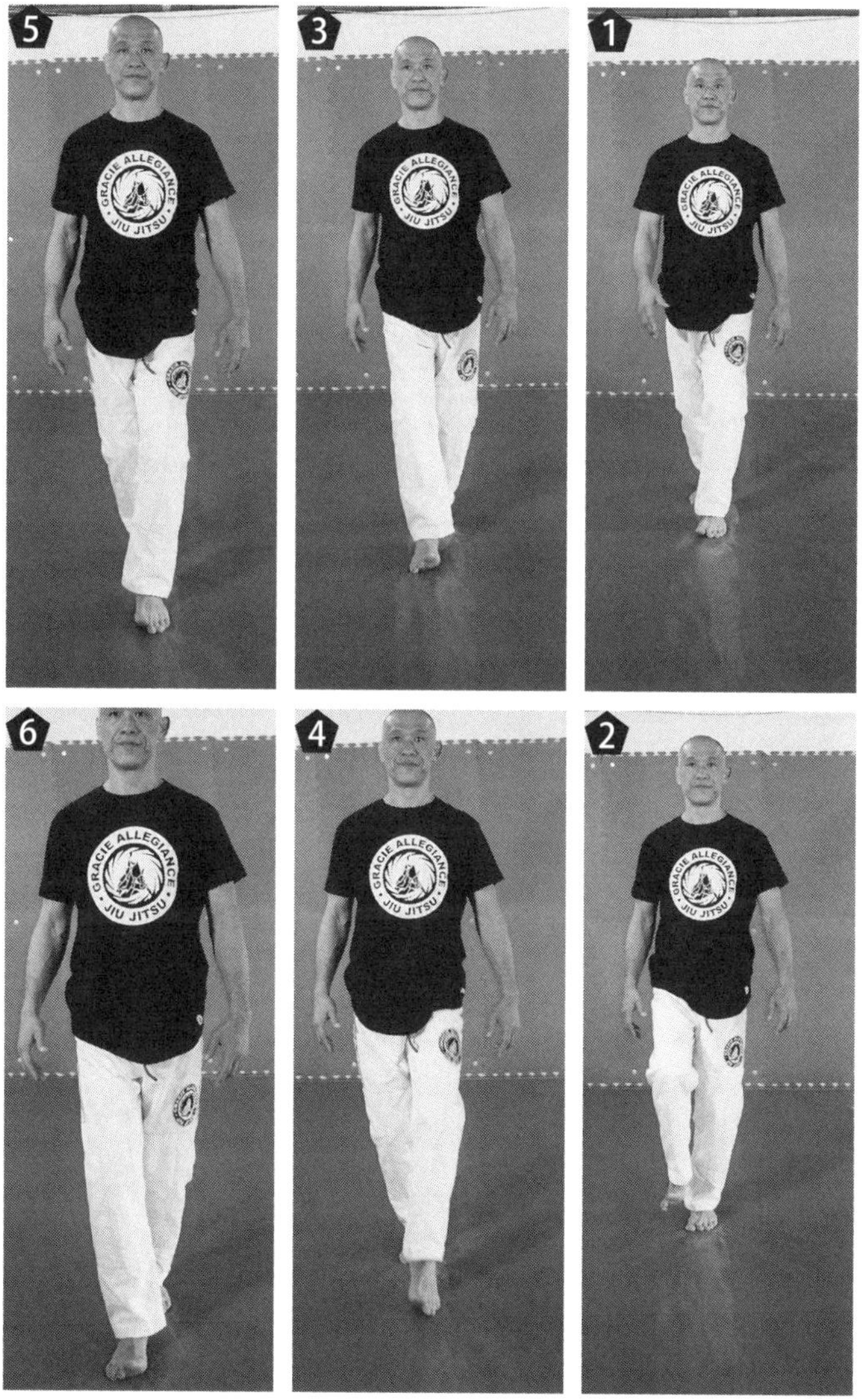

高上げ交差歩き

柳生心眼流独特の歩法。足を高く上げて交差させて歩く。両手を骨盤に当てる。

ません。それは暮らしの変化によるものだから、意識で変えるのは難しいのです。

昔は浅い眠りだったカラダの奥の力は、現代では熟睡しているような状況となりました。眠り方が違えば起こし方も変えた方が気持ちよく目覚めるのは、人が本当に眠った時の起こし方と同じです。昔より簡単にした五指に関する動かし方は、程よい運動としてお勧めです。無理をしない範囲で行っても充分に効果が出ます。簡単な動きを楽にできるようになったら次に進んで下さい。

第3章

五感は地球と繋がる

1 素晴らしきご縁の導き

無意識の運動指令の発見は、たった一度会っただけの沖縄の空手の達人とのご縁から生まれました。沖縄の道を歩きながら透き通るような空を見上げると、太陽の光も違うように感じました。日の光を浴びながら歩いていると時折やってくる吹き抜けるような風が心地よい。風は吹き抜けては消える。そしてまたどこからかやってくる。風の元の空気は太古から変わらない。しばらく歩いて、少し曲がった坂道を登ると達人の道場があります。古い時代の琉球の名残を感じさせる沖縄独特の瓦。そして当たり前のように、家々の前に置いてあるシーサー。

沖縄には本土と変わりのない街並みの少し裏手に行くとそんな景色があったりします。まるで異国に迷い込んだような不思議な感覚になるような景色が、街の中でかくれんぼでもしてるかのように沖縄には残っていたりするのです。前著でも書いた、引手に関する達人のお話が〝触れることでカラダが変わる〟という、武術の原理を教えてくれました。教えはやがて無意識の運動指令の発見に繋がり、発見が進むとあの時もう一つ聞かせてくれた話がスッとやってきました。まるで街並みが急に変わるかのように。

その空手の達人に空手を教えてくれた先生は沖縄で戦争に遭い、大変な暮らしをしたそうです。そのためその年代の方は長生きをする人は少なかったといいます。その師匠が晩年にこう教えてくれたそうです。


「いいか、みんな人は筋肉から衰えると思ってる。本当は違うぞ。」

「カラダが衰える前に五感が衰える。」

「目が見えにくくなったり、耳が聞こえにくくなったりするのが先だ。」

「だから毎日海辺に行くんだ。」


毎日海辺に行って稽古したり、歩いたり。時にはぼーっと海を眺めて波の音を聞いたり、空を見上げたりしていたのでしょう。浜辺では稽古をする時には自然に五感に自然が届く。太陽や風や波の音を感じるとカラダに目には見えない変化があるのでしょう。自然に触れながら空手の稽古を重ねた達人の師匠は、ずっと元気に過ごして長生きしたそうです。

無意識の運動指令で大分カラダが良くなった頃に、この話を思い出しました。思い出すと、すぐに何かがピンと閃きました。それですぐに試してみました。

カラダを捻じってみます。そのまま目を開いたり閉じたり。これは前著でも紹介した動きです。すぐに次がやってきます。〝五感〟というヒントがあるので、五感を使って色々とやってみます。耳でも鼻でも動きます。人は〝五感〟からも情報を得て無意識にカラダの動きを調整しています。そして衰える時にはカラダの前に〝五感〟から衰えます。だったらカラダを良くするには、この反対の道筋を辿ればいい。スッと何かが繋がった気がしました。

自分のカラダに触れることで無意識の運動指令を引き出したら、次はそこに〝五感〟による無意識の運動指令を重ねると、もっと簡単に効率良くカラダが良くなっていきます。どんどん溢れるように、まるで誰かが教えてくれるように知らない動きがやってきます。スッと景色が変わるように浮かんでくるのです。

五感を重ねる運動を色々と考えて続けていると、疑問が出てきます。五感の順番ってあるのでしょうか？　五感は一緒に感じるのが正しい。ところが稽古ではなかなか難しい。少しずつ眠っているカラダの力を引き出す時には、順番があるような気がしてきました。

亡くなられたビクトル古賀先生。旧ソ連の国技サンボの世界王者。日本人初のサンビスト（サンボの選手）公式戦41勝無敗すべて一本勝ち。西欧諸国側の人間として初のソ連邦功労スポーツマスターソ連邦英雄功労賞を受賞。モスクワのスポーツアカデミーには「史上最も美しいサンボの英雄」として偉業を称えるレリーフが飾ってあります。ビクトル古賀先生にはとても良くして頂きました。

古賀先生にはもう一つの顔があります。晩年の古賀先生に聞かせて頂いたもう一人の古賀先生。古賀先生はロシア人の母と日本人の父の混血として生まれました。祖父はコサック一族の長だったそうです。コサック一族とはロシアの先頭部族。日本のサムライにあたる。旧ソ連を追われ満州で暮らした少年時代。満州でコサック一族として育てられ、乗馬やサバイバルのための知恵を徹底的に教え込まれた幼少期から少年時代。走る馬の上に立ち、銃を撃つ戦闘訓練をした少年時代。晩年の古賀先生はそういった話を聞かせてくれました。

ソ連革命の敗戦側であったコサック一族の長が古賀先生のお爺さん。敗戦によりロシアを追われたコサック一族はその時代にも、伝統的なコサック一族の暮らし、日本の侍のような暮らしを営んでいました。多分最後のコサック一族としての暮らしを営んだのが古賀先生の少年時代。古賀先生にはコサック一族の伝統を継承するために過ごした少年時代の秘密があります。一族の長

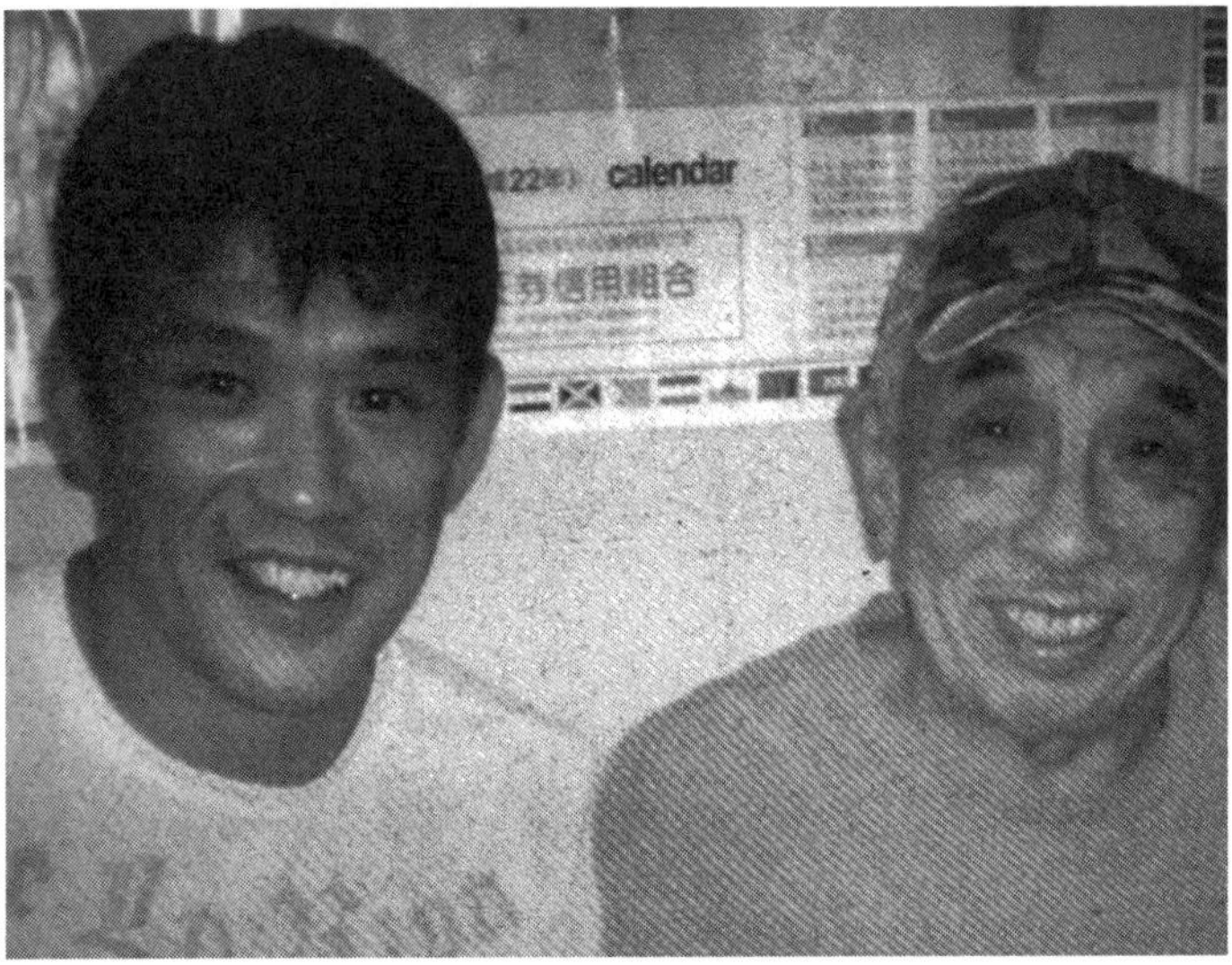

ビクトル古賀先生と。

であった古賀先生のお爺さんは孫に自分の全てを伝えたかったのかもしれません。

その頃世界は第二次世界大戦を迎えていました。終戦を迎え古賀少年は帰国しました。コサック一族としての暮らしはここで終わり、のちのビクトル古賀へと繋がってゆきます。

古賀先生はある日教えてくれました。

「みんな俺にサンボの秘密を聞きたがるけど、俺の秘密は子供の頃にあるんだ」

「昔テレビで故郷を訪れた番組を撮った」

「あそこに子供の頃の秘密がある」

「俺が死んだらあげるよ」

先生が亡くなって、お弟子さんからその映像を録画したものを頂きました。そこにはこの本で書き切れない程の、今の段階では気がつけない沢山の秘密が隠れています。

無意識の運動指令に気がついた頃にその言葉を思い出して、古賀先生を訪ねてお話を聞かせて頂きました。ご縁とは活かす能力がなければ消えているのでしょう。五感に関しての発見がその時の景色をまた見せてくれました。スッとあの頃に戻ったように。無意識の運動指令の発見には古賀先生のお話が大きく関わっています。もちろんそれ以外の沢山のご縁ある方々の力もあります。ご縁とは本当に丸い形のように繋がり何かを見せて教えてくれます。

「森に入ると水をどうやって確保するのか。これが、とても大切なんだ」

古賀先生は子供の頃に少年たちだけで、ナイフとマッチだけをもって1週間暮らすということを日常でやっていたと聞かせてくれました。これもコサック一族の伝統的な訓練なのでしょう。日本の自衛隊も同じことをします。もしかしたらもう少し装備品は持っていくのかもしれません。日本の自衛隊はその1週間のダメージが半年ほど抜けないと聞いたことがあります。ところが古賀先生はニコニコしながらその話を聞かせてくれました。俺は楽しかったなと言いながら。おそらく戦闘状態にはサバイバルの知識と実行能力が必要なのでしょう。昔の日本の侍もきっと似たような訓練をしていたような気がします。

「水は、はじめに匂いで探すんだ」
「森を歩いてると水の匂いがする時がある」
「匂いの方向に歩くんだ」

「次は水の音を聞き分ける」
「匂いに向かって歩いて行くと音がする」
「音がする方に歩いて行くと水が見えてくる」

「綺麗な水でも何かの毒が紛れ込んでるかもしれない」
「だから手を水にいれてみるんだ」
「それで飲めるかどうか分かる」

「水には生きてる水と死んでる水がある」
「何故だか分からないが俺には分かるんだ」
「いつの間にか分かるようになる」

「不思議なんだ理由は分からない」
「コサックの生きる知恵さ」
「コサックは生きる知恵を沢山持ってる」

少年時代の満州の森がそばにあるみたいな感じで古賀先生は笑顔で話をしてくれました。焼酎にホンの少しだけウーロン茶を入れて色をつけたウーロンハイを古賀先生はいつも飲んで、色んなことを教えてくれました。古賀先生は聞けば何でも教えてくれました。聞かないことは教えない。その人に必要なことなら何でも教えてくれます。まだ理解できないようなことは教えてくれませんでした。そんなことを思いだしました。その時に何となく水の匂いを感じたような気がしました。ブルーベリーの下を流れている水は大概飲める。それで美味しい水なんだ。古賀先生の話と一緒に行ったことのない場所の景色と匂いがそこにあるような感じがしました。

匂いは遠くまで届きます。次が音。目で見える世界よりも見えない世界の方が、本当は遠くからの沢山の情報をくれます。飲めるかどうか手で触れてみます。それでも怪しければ多分匂いを嗅いだりするような気がします。賞味期限が表示されていなければ人は匂いで食物が食べられるか判断します。それから口に入れてみます。味で最後は判断します。この順番で試してみたらどうも正しい感じがしてきました。

2 嗅覚は遠くと繋がる

日本語にはこういった言葉があります。あいつは匂うな？　どうも臭いな？　これは本当に臭い匂いがする訳ではなく、相手を疑う時に使う言葉です。目に見える証拠はないけど疑わしい時に〝匂うな〟などというのです。動物は異性を誘う時にフェロモンという物質を出して匂いで誘ったりもします。匂いには視覚や聴覚などを超えた何かがあるようにも思えます。動物は異臭を嗅ぐと咄嗟に一番動きやすい姿勢に自然になると聞いたことがあります。山火事などが起これば一番はじめに異臭がします。その時に咄嗟に一番動きやすい姿勢になるのが動物的本能。つまり無意識の運動指令の力なのかもしれません。

格闘技の試合でダウンしたら、インターバルにアンモニアを嗅がせたりします。刺激のある匂いを嗅ぐと意識とカラダが目覚めるからそうするのだと考えられます。

確かに普段でも鼻が詰まってると何となくぼやーっとした感じになります。

鼻を効かせるには実際に何かを嗅ぐと良いのですが、嗅ぎながらカラダを動かすのはなかなか日常では難しいことです。部屋でアロマを焚いて運動することができるのであればやってみるのも良いと思います。本章では実際に匂いを作ったりしないでも嗅覚を刺激し、そこに動きを重ねる運動を紹介します。

カラダを捻じります。次に腕を横に上げて回転させます。上げる角度は各自のカラダに応じて上中下と変えます。回転の動きが加わると無意識の運動指令によって可動域が向上します。そのまま鼻を軽くつまんでみましょう。カラダの意が嗅覚に届くので、これだけで更に可動域が向上します。

次はまたカラダを捻じります。片方の手を腰に当てることで可動域が向上します。そのまま今

嗅覚刺激でカラダの可動域を広げる1

カラダを捩じり、腕を上げて回転させる。上げる角度は各自のカラダに応じて様々に。この回転の動きによって、捻り可動域が拡大することをまずは実感する。

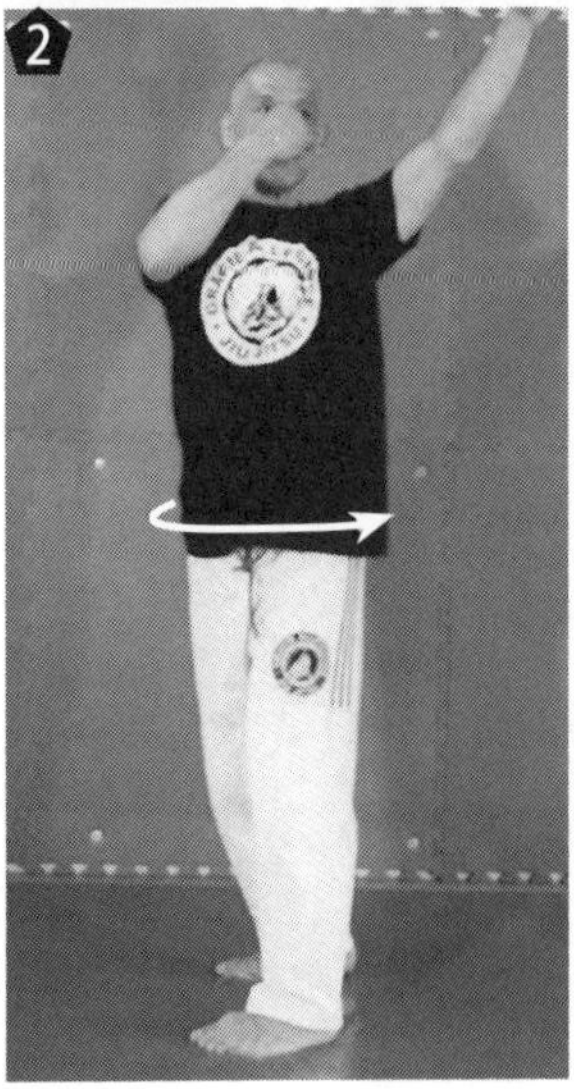

次に、カラダを捻りながら鼻をつまんでみる。これだけでカラダの意が嗅覚に向かい、捻りの可動域が向上する。

嗅覚刺激でカラダの可動域を広げる２

片手を腰に当てて捻ると、捻り可動域が向上する。そこへ、今度は鼻の下を指でこすってみる。これでも嗅覚刺激が起こり、さらに可動域が向上する。

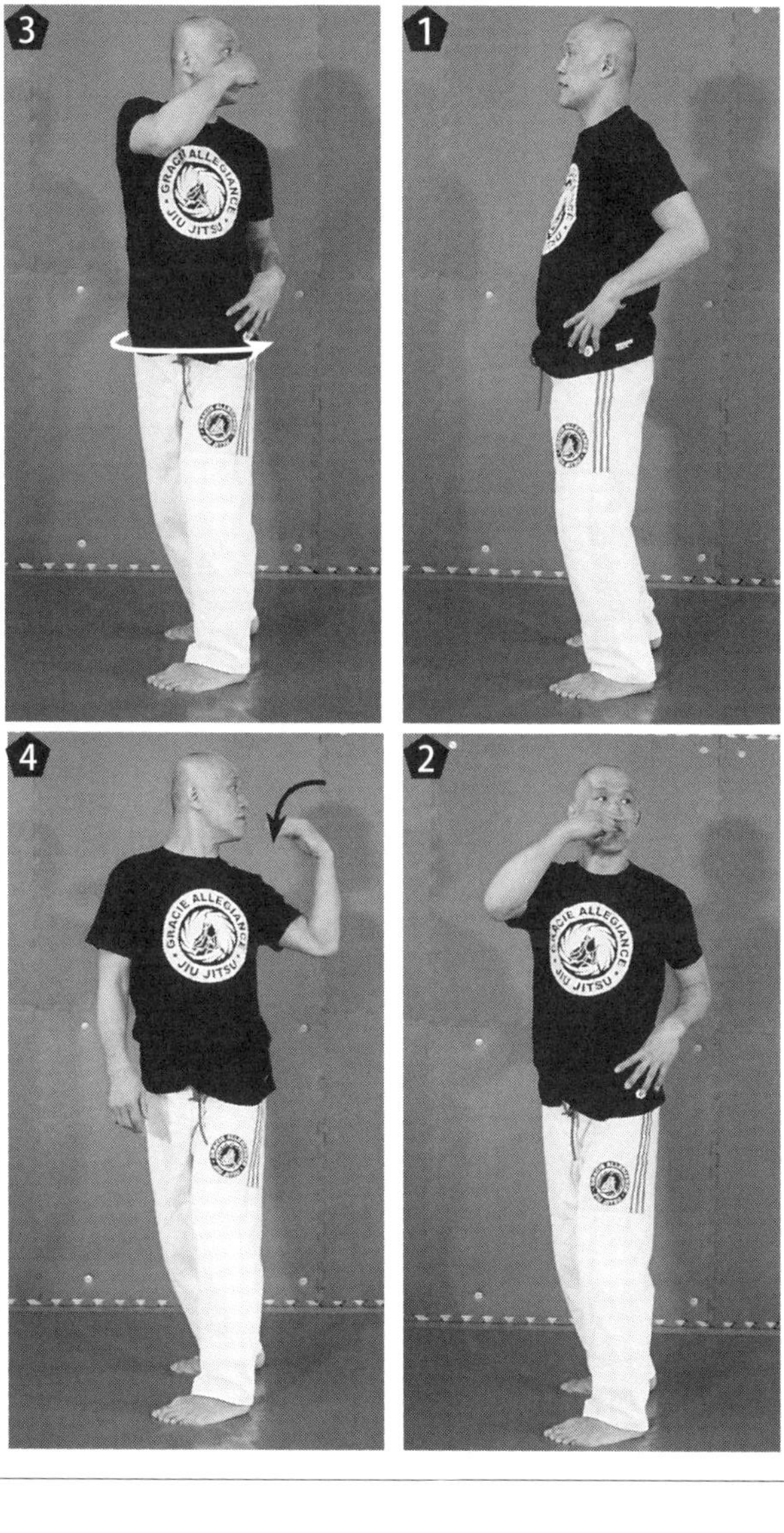

鼻の前で手を動かして匂いを嗅ぐような動作をしても同様の反応が起こる。

度は鼻を軽くつまんでから離して鼻から息を吸います。これで可動域が更に向上します。

こうやってカラダの意を引き出していくとカラダの反応が良くなっていくのです。カラダを捻じって、鼻の前で手を動かして匂いを嗅ぐような動作をしてみます。学生時代に科学の実験で匂いを嗅いだ時と同じような動作です。手で送った空気の匂いを嗅ぐようにすると、これだけで可動域が向上します。

3 聴覚はカラダを研ぎ澄ます

耳に関する日本語表現にはいろいろあります。「耳を澄ます」「耳障り」「よく耳の穴をかっぽじって聞け」「耳を塞ぐ」など。あるプロの音楽家からこんな話を聞かせて頂いたことがあります。人は普段は音を全部聞いていない。日常で音が溢れすぎているから不必要な音は聞こえないようにカラダが処理している。日常に溢れる音を全部処理することができないからカラダが無意識にそうしていると。普段は気がつかないだけで、音に関しては情報過多の状態になっている。日常で溢れるような沢山の音。そのほとんどは自然ではない人工的な音です。

普段会話をすると、その声しか聞こえません。ところが会話を止めてよく耳を澄ますと、外を通る人の音や車の音、部屋の中のエアコンの音、部屋の中の他の人の会話や物音、と実にさまざまな音が鳴っていた事に気づきます。人は音に反応して生きるようになっています。だから無理やり音の情報をシャットダウンするような日常はカラダの情報の何かにも影響してるかもしれません。

カラダを捻じります。片方の腕を捻じりながら上げます。そのまま耳に触れます。これだけでも腕と腰の可動域は向上します。耳の上に軽く触れて軽く伸ばすと上に行きやすくなります。横に真っすぐの場合には耳の真ん中辺り、下に伸ばす時には下の耳たぶ辺りが可動域が大きく向上します。

昔は今ほど音が溢れていませんでした。その分だけ音に敏感で、音を感じて動くカラダも敏感だったと想像できます。夜中になれば物音一つしないような静寂が本来の夜の世界です。睡眠一つとっても今とは違った豊かな睡眠だったのかもしれません。静寂は音に対して敏感になります。昔の武家屋敷では庭に玉砂利を敷いていました。夜は静寂だから、もしも夜中に襲うような敵が来れば、玉砂利を踏んだ音がするような工夫をしていたのです。音に敏感な日常を過ごしていれ

耳への刺激でカラダの可動域を広げる

片方の腕を捩じりながら上げつつ体幹を捩じる。

上げた逆側の手で耳に触れる。これによって、捻り可動域が向上する。

腕を横に真っすぐの場合は耳の真ん中辺り、上に伸ばす場合は耳の上、下に伸ばす場合は下の耳たぶの辺りに触れると、可動域は大きく向上する。

耳を澄ますように聴覚を働かせる運動

カラダを捩じる。

捻った側の耳に触れて何度も擦る。

この擦った音を、耳を澄ませて聞くようにすると、可動域が向上する。

耳の擦る位置を変えてみると、カラダに起こる反応が変わってくる。

ば、少しの物音がすると目が覚めるのでしょう。これは聴力ではなく、日常の音との関係で起こります。現代では目覚まし時計が鳴っても目が覚めないようなカラダになってしまっています。それでは目覚めが悪く起きてからも調子が優れないのも当たり前なのかもしれません。

耳を澄ますように聴覚を働かせる運動を紹介しましょう。カラダを捻じって耳に触れながら軽く何度も擦ります。この時の音を耳を澄ませて聞くと可動域が向上します。耳を澄ますと全身が情報を手に入れようと動くのかもしれません。

カラダの反応が良くなってきたら、擦る位置を色々と変えてみます。位置を変えることで奥の動きも変わります。

4 視覚はごまかされやすい

目（視覚）に関する日本語も色々あります。「見分ける」「見逃す」「目を覆う」など。どちらかと言えばごまかされないための表現が沢山あります。目から得られる情報は直接だから騙されやすいのでしょう。蜃気楼など現実にはない物が見える現象も起こったりします。格闘技では相手をよく見ません。よく見ていたら間違えるからです。車の運転も同じです。じーっとよく見ていたら事故を起こしてしまいます。

目はよく見えるからごまかされやすい。これは武術の口伝です。武術とは本来持っている自然の中で暮らす時の力を掘り起こし、再び身につけるための術です。これが僕の持論です。原始人がスポーツや格闘技をやったらただルールと少しやり方を覚えるだけで凄い能力を発揮しそうだと思いませんか？　人は本来素晴らしい運動能力と健康を持って生まれて、一生をそのまま過ごせるのだと思います。

本来の自然では一か所を集中して見ることは危険な状態になりかねません。本来の自然の空間では、建物の仕切りがないので見える範囲が違います。遠くまで広がる地平線や全てが見える大空。その空間には食料や水があり、外敵も沢山います。ゆっくり一か所をよく見ていては大変に危険な状態になります。狭い森の中でも木々に隠れる外敵…動物や蛇や昆虫がいて、そこには豊かな食物になるものも沢山あります。外敵や豊かな食物は決して前だけではなく３６０度に存在します。それらを瞬時に見分けます。一か所を見ながら同時に全体も見ます。これが本来の視覚であり、本来の目の使い方なのでしょう。

視覚刺激で可動域を向上させる１

カラダを捩じって、遠くの物を見るように、手を目の上にかざす。これによる視覚刺激で、捻りの可動域が向上する。

現代では視力自体が落ちているので、順序良く段階を踏んでやった方が効率が良くなります。まずは前著でも書いた、〝良く見える手の形〟を使います。

カラダを捻じって遠くを見る感じで手を上にかざします。本当に遠くを見る時にやる形です。本能的に人はこうやってカラダの奥の力を引き出しています。手をかざすと無意識に可動域が向上するのです。

次はメガネのような形にします。これも子供がやったりする形です。前屈と後屈でやってみましょう。スッとカラダが動きます。

もう一つ、今度は水中メガネのような形にして目に当てます。足幅を大きく開いてやってみましょう。捻じったカラダがスッと動き

視覚刺激で可動域を向上させる2

後屈　前屈

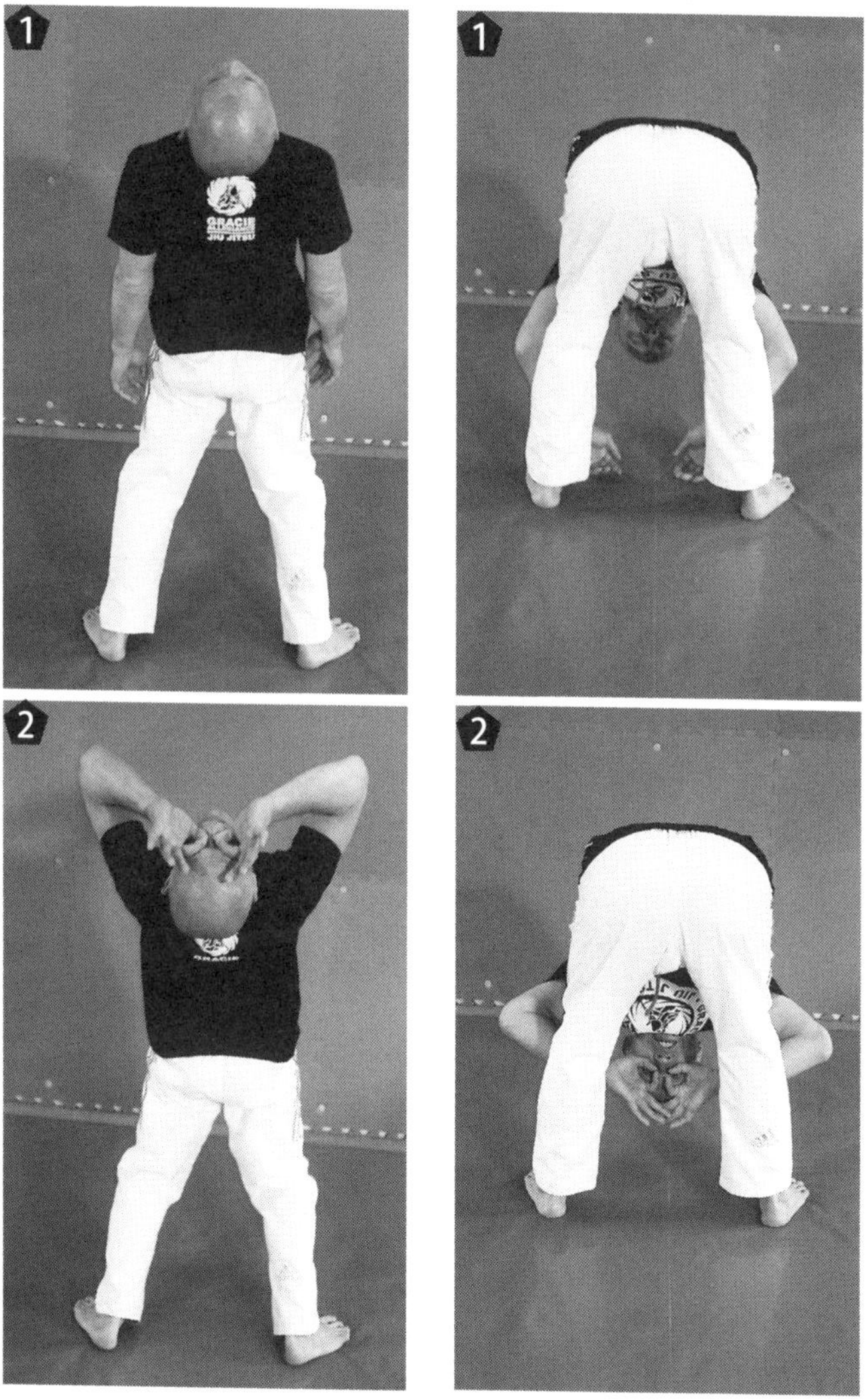

指でメガネの形を作って目に当てても、可動域向上が起こる。前屈や後屈の途中から行ってみると、カラダがスッと先へ動くのが実感できる。

視覚刺激で可動域を向上させる3

足幅を大きく開いてカラダを捩じり、手で水中メガネの形を作って目に当てる。これによっても可動域が向上する。

続いて、水中メガネの形の手を前後に動かしてみる。視覚刺激の変化によって、さらにスッとカラダが動く。

ます。今度は水中メガネの形の手を前後に動かしてみます。さらに意識しない動きが出てスッとカラダが動くようになります。

〝一か所を見ながら全体を見る〟に近い運動に進みましょう。カラダを捻じって人差し指を立てて目の前に出します。逆の手で同様に人差し指を手前に出します。一つはそのままで、手前側の一つを動かします。動かない指を見ながら、動く指を見ます。これは少し難しそうだがやってみると案外簡単です。この運動によって視覚がより働くので、カラダの可動範囲も大きく向上します。

最後は同じ動作で2本の指を同時に動かします。2本の動きを同時に追ったり、1本を

視覚刺激で可動域を向上させる４

カラダを捩じって人差し指を目の前に立てて出す。

もう一本をその手前に立てて、動かす。

動かない一本を見ながら、手前の動く一本も見る。この視覚刺激によって可動域が向上する。

２本の指を同時に動かし、その両方を見るようにする。これによって可動範囲はさらに奥から向上する。

よく見ながらもう1本も見ます。この運動で可動範囲が更に奥から向上します。

5 触覚……地球に触れると暖かい力が流れる

触れる（触覚）に関しては前著で書いているので、本章ではストレッチや施術への応用を紹介しようと思います。また、道具を使って触れる方法について、前著からの更なる発展を第5章で詳しくご紹介します。

地球は優しく温かい。そして時には厳しい。まるで両親の愛情のような無償の愛のように地上に暮らす生命全てを支え生きる糧を与えてくれます。ストレッチや施術の際にも、無償の愛のような接し方が高い効果を引き出すポイントのように感じたりすることがあります。触れ方にも意識と無意識の関係は存在します。ここをこうやったら良くなるなどと、あまり意識で考えすぎると上手くいきません。子どもの勉強や生活に対しても、親のそういった深入りは案外効果が薄いものです。また損得で子供と接したりするのは論外でしょう。ただスッとそこにいる。無償の愛情をもって子供のそばで見守る方が良い。相手に触れる時にも同じコツを感じます。格闘技の技術である関節技も似ているところがあります。極めようと考え過ぎると上手く極まりません。ただ相手と向き合い闘う。ミスをしても焦らずに挽回して、冷静にやって来たチャンスは逃さないで極める。そのための心構えとカラダの状態を常に維持する。これが格闘技で鍛える心身です。これはおそらく全てのことに共通するのではないでしょうか？　触れる時にも、そして人間関係でも。

やわらぎの原理は動かしながら無意識の運動指令を発動することで、意識では動かせないカラダの奥の部分がスッと無意識に動くという武術の原理の応用です。武術とは意識と無意識を併用した術なのだと思います。相手を意に反した動きの状態にしてしまいます。思わず動いてしまった（動かされてしまった）。スッと中に入られた。これらは意識を超えた動きになります。だから思わずという言葉が出てくるのです。

少し実際に紹介してみましょう。相手の腕を持って動かしてみます。普通に持てば力比べになります。ここで普通はタイミングをずらしたりして勝負をします。タイミングも、もちろん大切です。そこに普通は考えないような技術を武術では加えます。相手の手首を持って微妙に骨をずらす。そうすることで相手の意志とは違った無意識の運動指令が手首の変化を受信してカラダの意と繋がり、心の意（脳の指令）とずれた働きが起こる。その結果として意に反した動きになり、簡単に崩れてしまうのです。これを手捕りと呼び、古流では入門して初めに教わると聞いたことがあります。この稽古に昔は半年かけたそうです。

この原理で実験してみましょう。片手で相手の手首を持ち相手に手を開いてもらう。もう一方の手で相手の指を持つ。相手が踏ん張るのと合わせてもう一方の手で相手の指を動かす。相手の腕の動きとかみ合わないようにするのがコツです。もっと簡単にするなら片手で相手の腕を持ちもう一方の手で相手の指を一本持つ。相手が腕を動かそうとしたらもう一本の手で指をかみ合わない方向に動かしてやる。これは危険なので軽くゆっくりやって下さい。想像するだけで分かる方もいると思います。本気でやると指が折れるので腕を動かすのを無意識に止めます。これもまた無意識の成せる技なのです。

手捕りとは骨格の繋がりを使って手首でこの指を制した動きと同じことを仕掛けるものです。とても難しそうですが、この原理は格闘技の強い選手だったら、ルールの中で無意識に使っています。組技では相手の頭をコントロールします。どんなに頑張ってもカラダのテコの一番上にある頭のカラダ全体への影響は大きいので、動きからずれたら本人の意志とは別に思ったような力が出せなくなるのです。頭蓋骨に無意識の指令を起こすような触れ方がコツです。

格闘技の強い選手は大概力は使っていないと言います。相手の力を奪うことができるから、力を感じないのです。本人が力を感じない時には、実際には大きな力が出ています。だから対戦し

相手の“無意識領域”を利用する武術技法「手捕り」

「手捕り」の原理

片手で相手の手首を持ち、もう一方の手で相手の指を持つ。相手が踏ん張るのに合わせ、相手の腕の動きとかみ合わないように動かすと、指に痛みを与えずとも簡単に崩せる。

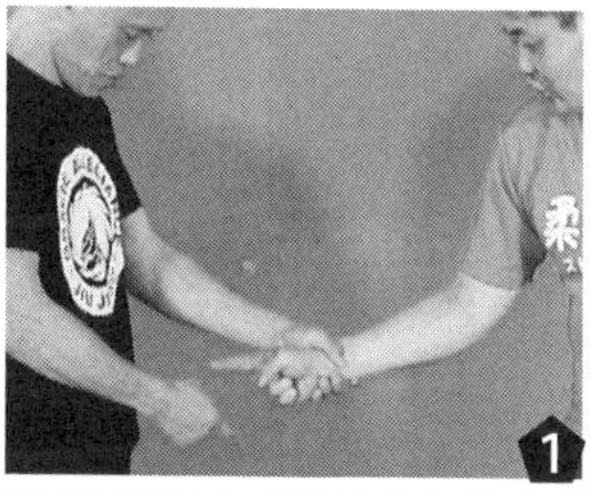

相手の手首を掴んで崩しをかける。相手はは力づくで踏ん張っているが、〝骨をずらす〟操作によって相手の無意識下の運動指令を起こさせる事によって〝ズレ〟を生じさせ、崩す。

カラダでなく、“動けなくする要所”を攻める！

組技で相手を崩す際、力づくで相手の体を動かそうとしてもなかなかかなわないが（写真右列）、頭をコントロールしてしまえば、相手は体が思うように動かせない状態に陥る。

頭を抑える

力づくで…

た相手はみんな凄い力だったと感じています。

ビクトル古賀先生も、俺は力は弱いよ、力使ったらダメだよ、といつも言っていました。ところが80歳になった古賀先生がいつもの飲み屋で技を教えてくれる時の感覚は、恐ろしいほど力が強いのです。本人が感じない力である意識を超えた力は、無意識の運動指令が正しく働く時に相手には異常な強い力として、時には騙されたような力として伝わるのです。そして本人の動きも正しい無意識の運動指令と意識の運動指令が重なることで意識の感覚は消えて、実際には意識を超えた大きな力となっています。これが武術で言われる〝余計な力を抜く〟…脱力の意味です。余計な力とは意識の力を言い、陰陽が重なる時、意識と無意識の力が重なる時に、力の感覚が消えて最高の力が出て来ます。凄く調子が良い時にはカラダの感覚は感じなくなります。仕事でもスポーツでも、最高の時には余計なことは感じないものです。楽しく遊んでいる時も同じでしょう。きっと誰でも経験があると思います。この感覚で生きたら素晴らしいことでしょう。多分人以外の生命はこれに近い感覚で一生を過ごしているようにも思えます。

明治の頃柔術が海外に渡った時代、ヨーロッパではキャッチレスリングという競技が盛んでした。キャッチレスリングとは関節技のあるレスリングです。キャッチレスリングのジョイントロック（関節技）と柔術の関節技はとても似た原理によっています。

関節技はテコの原理で極めます。このテコの原理はカラダの形ではなく、骨格の形です。キャッチレスリングの口伝のようなものに〝Bone to Bone〟という言葉がありま す。訳せば「骨で骨を掴む」です。これは柳生心眼流の口伝と同じです。

優秀な格闘家は疲れて動けなくなって意識が消えてからも練習を重ねます。そうすることで腕を持つのに最も効率的な持ち方に、いつの間にかなっていくのです。骨で骨をきちんと持つと力を感じることなくスッと技が極まります。

このアームロックはダブルリストロックとも呼ばれます（次ページ写真参照）。もう一方の手で自分の手首をしっかりと骨を重ねるように持つ。そうすると手首を通じて無意識の運動指令が発動し、相手には大きな力がかかる。崖を登る時には手首のこの部分に自分の体重がかかる。その時に骨にかかった圧力が骨の電位を変える。変化した電位を感じた脳から筋肉に無意識の運動指令が届くことで、意識では出てこない奥の力が加わり、無意識に力が増えるので余計な力を感じることなくスイスイと登ることができるのです。意識で鍛えた筋肉が先行して動くと骨の動きが止められるので、無意識の運動指令が上手く働かなくなってしまいます。筋肉の量が多い、バーベルなら上げられるカラダでも自然の中の動き、崖を登るなどの運動ができ

アームロックは“持ち方”で極まる！

両手をがっちり組んで極める「ダブルリストロック」。自分の手首をしっかりと骨を重ねるように持つことで、手首を通じて無意識の運動指令が発動し、相手に大きな力をかけることになる。

ないのは意識と無意識が正しい配分からずれたために起こる訳です。

この原理はグレイシー柔術の「スタンドアップ」にも共通して残っています。グレイシー柔術の隠された健康な心身を育成するための動き、武術の型にあたる「スタンドアップ」に関しては第7章で詳しく触れます。

古い時代の柔術家がはじめにやる稽古「手捕り」。全く同じ原理でキャッチレスリングのアームロックはできています。柔術には2種類の関節技があります。稽古用が〝挫《くじ》き〟、実戦用が〝砕《くだ》き〟です。稽古では骨を持たずに力と技の形などを鍛えます。〝挫き〟は骨に影響を与えないのでせいぜいねん挫までのダメージしか与えない。〝砕き〟は骨で骨を崩し仕掛ける。〝砕き〟はねん挫に留まらず骨まで破壊する威力がある。

キャッチレスリングの名人をフッカーと呼びます。フッカーとは相手を破壊することができる関節技を持つレスラーを称する隠語です。キャッチレスリングと柔術はおそらく同じ原理でやっています。プロの試合とレフェリーの経験で関節技が上手い選手をたくさん見てきました。強い選手は持ち方が微妙に違います。中には〝砕き〟のような持ち方を自然にやっている選手もいます。実際に関節技で骨が折れるのを何度か見たことがあります。2回ほど脛《すね》の骨が折れる現場にいたことがあります。お互いに技をかけ、それを防ぐために動いて逃げます。その時偶然〝砕き〟の間になったのでしょう。パンっと乾いた音がして脛の骨が折れました。脛の骨はとても強い骨です。交通事故でも脛が折れたら大変な事故です。脛は常にカラダを支えて歩くので物凄く強い骨であり、それを折るのには信じられない力が必要になります。

信じられないような威力を生み出す、武術の原理は実在します。そうでなければ鍛えたプロの選手同士の試合で脛の骨が折れるなど起こらないのです。

この原理を活法として使うと意識ではどうにもできない領域を改善することができます。やわらぎの原理は現代で使用しない原理ですから、上手く使うと大きく結果を変えることができます。四十肩や五十肩に悩む人は沢山います。この症状は辛く、なかなか改善することが難しい。長く続くと肩だけでなく、首も辛くなってきたりします。辛いのに自分の意志ではどうにもならない。そんな時には無意識の運動指令を使うのです。

骨に触れるようにしてこれを行なうと、大きな効果が得られるはずです。腕を無理のない範囲で上げてもらったら、手首から上の指の親指を除いた4本の骨をまとめるようにして掴みます。加減に注意しながら掴むとスッと肩が上がります。また五指の口伝の形をとってもらい、同じように掴むとさらに動きが向上します。肩に問題があればその影響は全身に及びます。手首の次は肘の関節部分を両手で掴むようにして圧力を加えます。これでまた肩がスッと上がります。同じように見える上がり方でも内部での動きが微妙に違っています。指からと肘からではテコのかかり方が違うからです。鎖骨や肩甲骨に軽く圧を加えて皮膚をずらすようにしてもスッと動きます。

腰痛も辛い。酷い腰痛になると人混みで人に触れそうになるだけでも痛いので、急に動くのさえ怖くなったりします。現役時代の最後の頃や引退してしばらくの間そうでした。急に動きを変えるのが辛く怖かったのです。その頃は心身ともに疲弊したのを覚えています。

腰痛も同じ原理でやってみましょう。横に寝てストレッチの姿勢になります。これ以上は無理という手前で止めたら、足首を掴んで、もう一方の手で足の指を軽く掴んで動かすとスッと可動域が向上します。足の構造を活かす形…親指を立てて残りの4本と分けて動かしても腰の可動域は向上します。

次は足の甲の指の骨を意識して掴んで、もう一方の手で指を動かすように握ります。これでまた可動域が向上します。足指から動きが始まるので、動けない状態に使っていない足指の動きを加えれば、カラダを動かす無意識の情報が変わり、カラダの動きが無意識に変わるのです。

“無意識領域”を利用して動かない肩を動かす！

腕を無理のない範囲で上げてもらう。ここからさまざまな方法で“無意識領域”を活性化させつつ、腕上げを補助しつつ可動性を拡大させていく。

手首から、親指を除く四指の骨をまとめるようにして掴む。これだけで少し持ち上がるようになる。

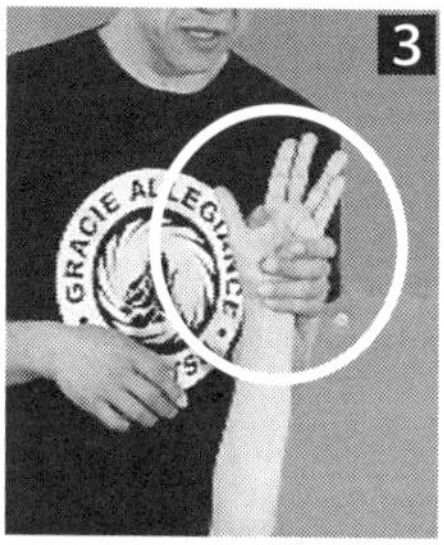

薬指・小指をまとめた、五指の口伝の形にする。

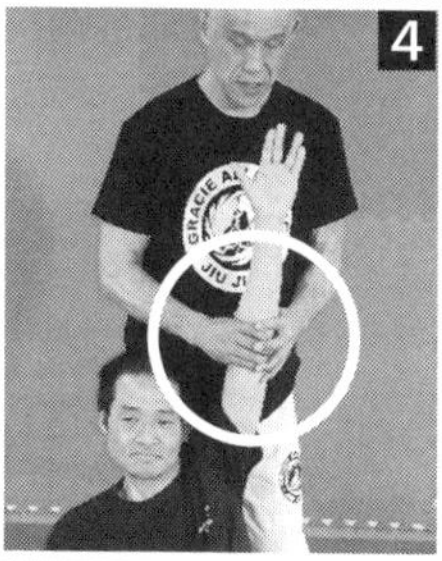

肘を掴む。

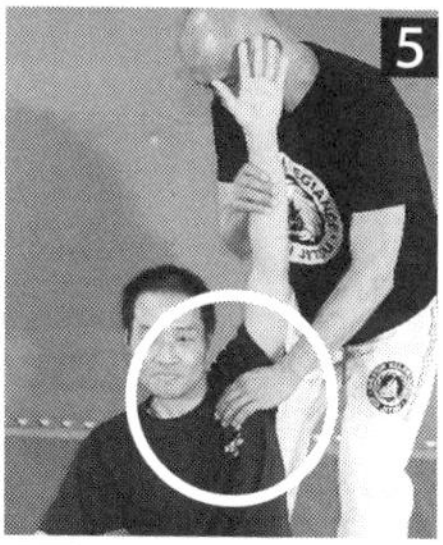

鎖骨に軽く圧を加える。

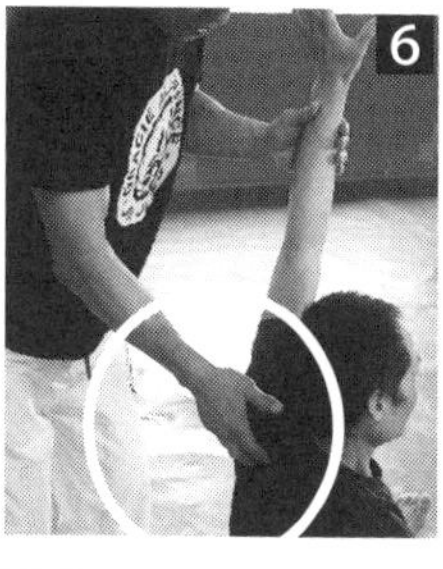

肩甲骨に軽く圧を加える。

横になってストレッチの姿勢に。ここから痛みなく可動性を拡大させていく。

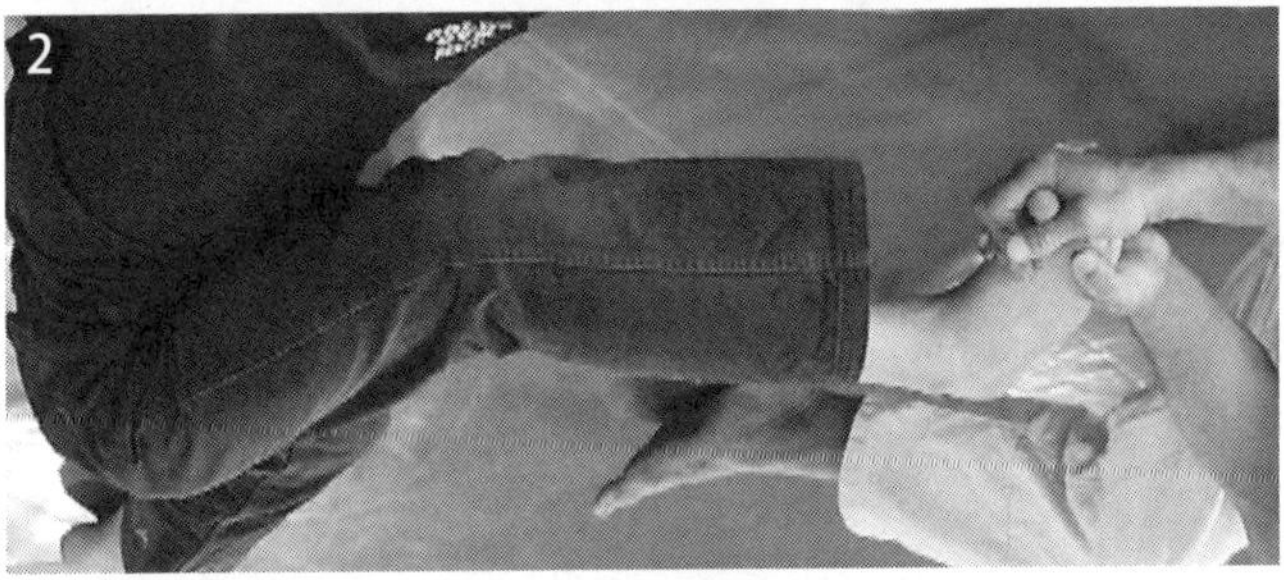

足指を親指と残り４本とで分けて持ち、動かす。

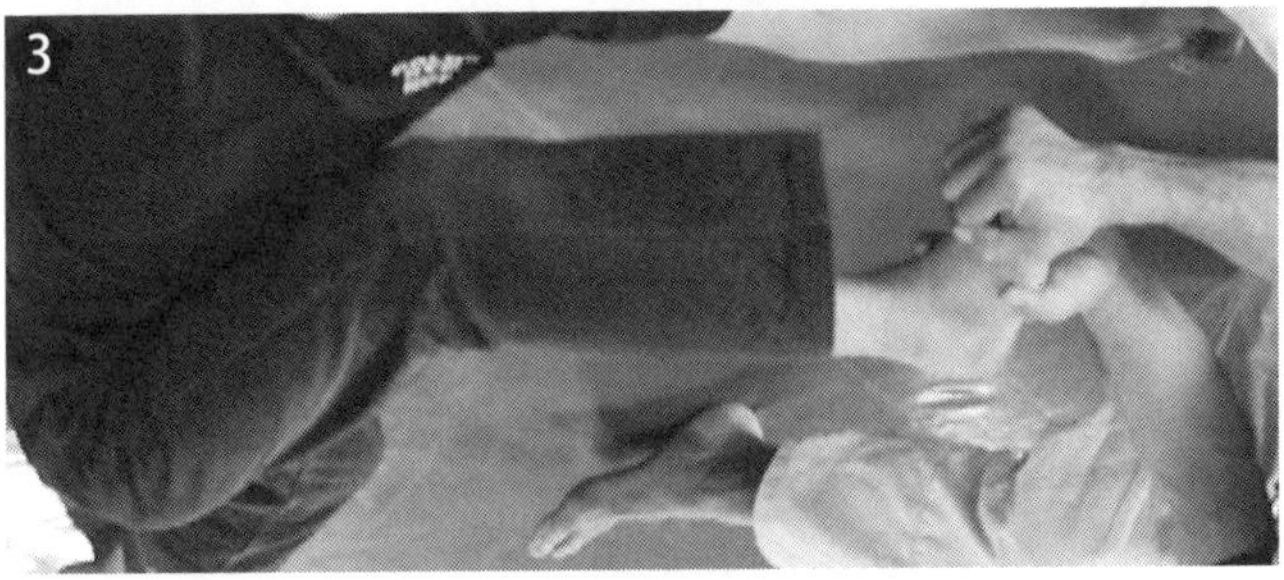

足の甲の指の骨を意識して掴んで、もう一方の手で指を動かすように握る。

やわらぎは安静にしていたら問題がないのに、動かすと痛かったり可動範囲が狭い場合にとても効果が出ます。動かすことで悪い箇所が出て来ます。また動かすことで無意識の反応も高まります。そこに刺激を与えると無意識の運動指令が発動して意識では届かない動きが起こるのです。意識と無意識を重ねることがカラダを良くするコツなのは一人の運動にも人に施す時にも共通しています。

触れ方にコツがあります。強さと優しさ…これも陰陽です。皮膚と筋肉には優しく触れて、骨に届いたらきちんと骨と骨を繋げるようにして掴みます。力加減がコツです。いきなり全力を出す人はいません。力は加減しながら強弱が決まります。ボールを投げる、パンチを打つ…カラダの動きを繋げて最大の力が出る時に当てる。これが上手な人はセンスが良いのです。誰でもそうやってカラダを使っているから続けていくと力加減が上手くなって効果が高まっていきます。これは活殺のどちらにも共通しています。セルフケアに関しては前著から進んだ触れ方を第5章でご紹介します。

6 味覚はカラダの奥と繋がる

味覚もカラダの動きと関係しています。

梅干を食べたら顔がすっぱい顔になります。これも味覚と無意識の関係です。飛び上がるような辛い物を食べたら本当にじっとしていられなくなったり、辛い物を食べたら舌を出してハーハー息をしたりもします。また舌の奥に指で触れると食べたものを吐き出したりもします。舌は内臓と繋がり呼吸とも繋がっています。

カラダを動かして、刺激のあるものを舌に乗せればカラダはスッと動きます。ところがこれはあまり現実的な運動ではありません。口中に物を入れない方法を本項ではご紹介します。

武術の口伝には舌に関するものもあります。上の歯の付け根辺りに触れるか触れないかの感覚で舌を置くというものです。この口伝はカラダ全体の力と関係しています。「呼吸」に関する次章で詳しく触れます。

まず舌の動きを使いカラダの動きを変えてみましょう。

カラダを捻じり、そのまま舌を上に向かって伸ばします。これによって可動範囲がスッと向上します。この運動ですぐに動きが変わらない人もいます。一体なぜなのか？　色々と検証してみました。なぜ動かないのか？　まず考えられるのは舌が良く動かないから、ということです。人は口の中に入れたものを咀嚼する時に自分の意識で噛みます。しかし口の中の詳細な動きは無意識が行っています。口の中で咀嚼の度に動く食べ物を意識で追って噛むことは実はやっていない

舌刺激でカラダの可動域を向上させる１

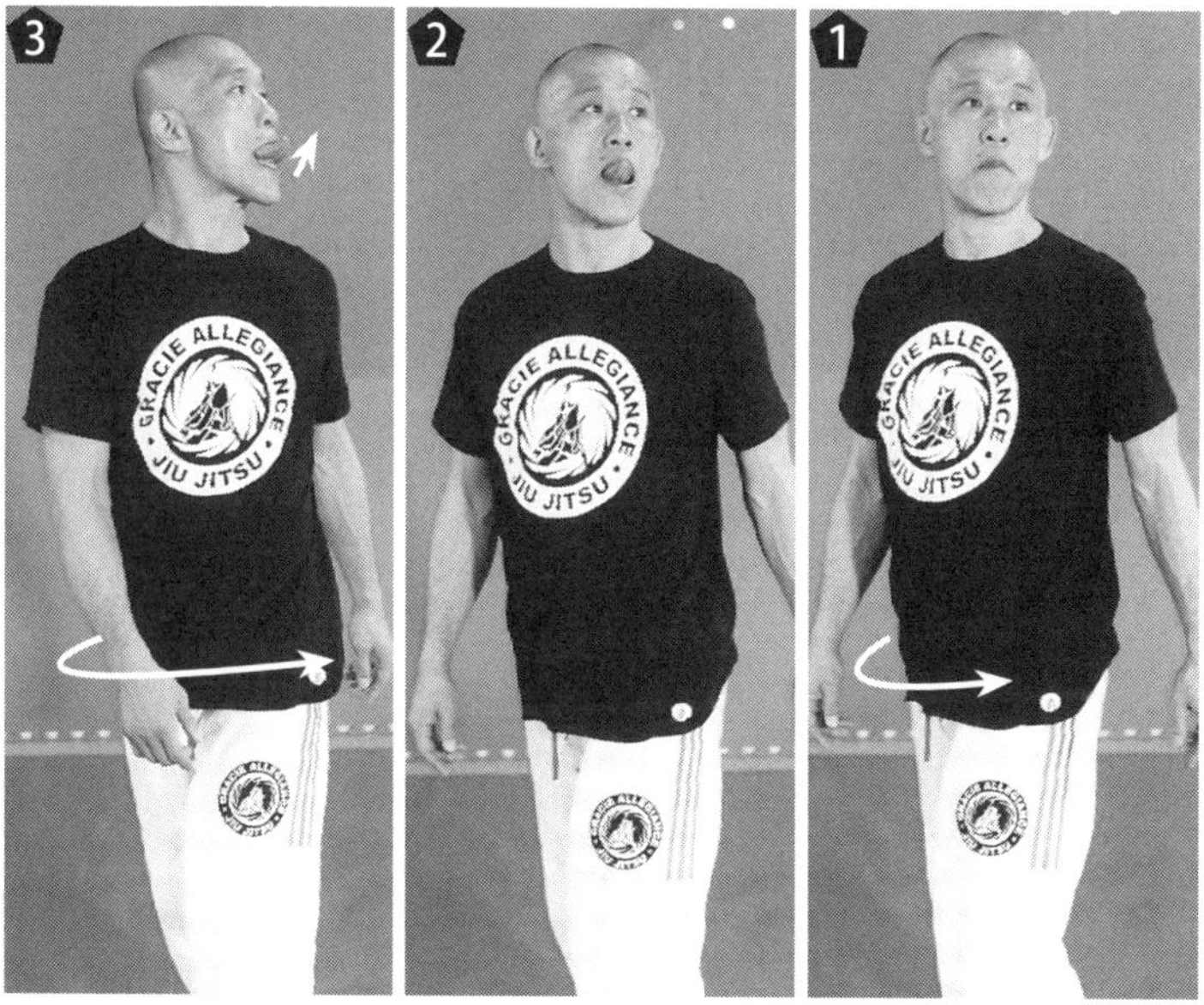

カラダを捻じり、そのまま舌を上に向かって伸ばす。これによって可動範囲がスッと向上する。

のです。やっていないというよりも、できないのです。

無意識は常に適切な指令を与えます。カラダと環境の関係は口の中でも起こっています。

無意識は本来ある自然のものに対しての反応の能力ですから、調理したりすると不自然な反応が起こります。前著で生のサツマイモを食べた話を書きました。焼き芋や蒸かしたサツマイモはホクホクしてとても美味しい。サツマイモにはお茶が合う。美味しく食べて口の中の水分がなくなったら、お茶を飲む。するとまた美味しさが重なる感じでやってくる。自然って何だろう、自然な食べ物と食事って？　興味が出ると実験せずにいられません。サツマイモを生で食べてみました。自然の状態で。生のサツマイモは固いので何度も噛むことになります。何度も噛むと唾液が出ます。サツマイモを生で食べても喉は乾きませんでした。咀嚼は無意識に行うので、ちょうど良く消化ができる回数と唾液の量に自然になり、喉が渇かないのでしょう。自然のものを食べると無意識に噛み終えて自然に飲み込んでいます。生のサツマイモを食べたら消化も自然な働きをするのでしょう。結果的に、カラダが凄く軽くなりました。そうか、よく噛むと良いのか？

そんなことを思って暫く経った頃のこと、上海に行く機会がありました。上海の格闘技の興行に呼ばれてレフェリーをしました。帰国の日に台風が来て、空港で大分待たされました。この時にまた新しい発見がありました。これもまたご縁なのでしょう。台風が来なかったらなかったかもしれない発見です。

暇なので空港をうろうろと散歩していました。中国人はみんな慌てません。しょうがないよ台風なんだから。いかにも大陸的な感じでスーツケースをテーブルにしてトランプしたり、スーツケースに座ってみんなで仲良くお喋りをしながら楽しそうに時間を過ごしています。

こういうのって良いな楽しそうだな、なんて思いながら空港をうろうろ散歩しました。日本人はみんなイライラした感じで待っています。

中国人のおじさんが生のキュウリを一本そのまま持ってかじっていました。楽しそうにお喋りしながらキュウリをガシガシ食べるのです。とても楽しそうで美味しそうでした。空港内をうろうろしているとコンビニがありました。どうでもいいことですが、中国語でコンビニは「便利店」です。ベンリーティエンみたいな感じで発音します。便利店に入ってみると日本のおやつコーナーみたいなところにキュウリが、日本のコンビニでバナナが一本包装されている感じで売っていました。即買ってみました（笑）。

あのおじさんの楽しそうな笑顔が浮かびます。どうやらコンビニで売ってるキュウリはおやつ用の種類のようでした。キュウリの包装を取って食べる。人生初の包装されたキュウリ。サツマイモの経験があるので、よく噛むことを意識して食べてみる。ところが噛んでみると、よく噛む前にキュウリを飲んでしまうのです。変だなーとか思いながらも、美味しく頂きました。少し時間が経つとカラダが軽くなるのを感じました。サツマイモをよく噛んで食べた時と同じようにカラダが軽くなる感じがありました。

こんなことを思いました。そうか噛むのは自分の意識。でも口の中の動きは無意識。だったら口の中のものに合わせて噛み方が無意識に変わる。飲みこむタイミングも無意識に変わるんだ。噛むものに合わせて噛み方と回数、そして唾液の量が本当は一番良いやり方で人はものを食べるんだ。一番良い食べ方をすると、消化も良くなるから、カラダが軽くなったんだろうな。サツマイモは消化しにくいから無意識によく噛まないと飲み込めない。キュウリは消化がいい。だからあんまり噛まないで飲んでしまうんだ。これを無理やり自分の意識で回数とか決めて噛むと咀嚼と唾液と食べ物の関係が崩れる。自然の物を生のまま一種類食べると、それだけでカラダが元気になるんだ。

そんなことを思いました。噛む時には舌も一緒に動く。舌は噛むことはしないが、味わうという大切な役割をしながら口の中の食べ物と一緒にこれも無意識に動く。ということは、カラダの動きと環境の関係と同じことが食べる時、味わう時にも起こってるんだ。調理された食べ物は美味しくて噛みやすい。その結果として色々なものが働きにくくなっている。意識で気がつかないだけで、食事の便利もカラダを内側から不便にしているのでは？　舌を伸ばしてもカラダから無意識の反応が起きない人は、もしかしたら日ごろ食べ物で楽をしていたり、自然から離れた刺激の多過ぎる食べ物が好きだったりするのかもしれない。舌の動きは内臓や呼吸と関係する。カラダはどの部分も、カラダ全体で繋がっているのだ。

舌の筋肉が衰えれば色々な問題が出てくる可能性があります。衰えたものはまたよく動かして働かせれば回復していきます。舌の動きとカラダの動きを重ねて動かしてみましょう。

カラダを捻じって舌を上下左右に動かす。繰り返していくと舌の筋肉の力が増えて、カラダと繋がってくるようになる。そうするとスッとカラダが動くようになる。舌を大きく伸ばして指で触れるとさらに動く。

口を閉じて口の中で舌を動かしてみる。口を軽く開けたり閉じたりしながら舌も一緒に動かしてみる。舌の運動をやると唾液が出て来る。唾液は免疫力と関係している。赤ちゃんはまだ免疫力が少ないので唾液の量がとても多く、老人になると唾液の量が減っていく。唾液の量もカラダの元気と関係があるのかもしれません。

五感に関する運動を続けると、カラダが変わってきます。ある日突然変化がやってきました。手を動かして、触ろうとする部分の前に置くと触れる前にカラダの反応が出るようになってくるのです。触れることを想っただけでも動くようになってきます。触れないでカラダの前を動かしてもカラダの反応が出て来ます。五感とカラダの関係が運動を続けることで近くなったのでしょう。

古賀先生は手で触れただけで生きてる水か死んだ水かが分かると言いました。インドの人は手でカレーを食べる時に手で味が分かるという話もあります。本当はその位に、人のカラダは五感

舌刺激でカラダの可動域を向上させる2

カラダを捻じり、舌を上下左右に動かす。繰り返すうちに舌の筋肉が増えてカラダと繋がってくる。

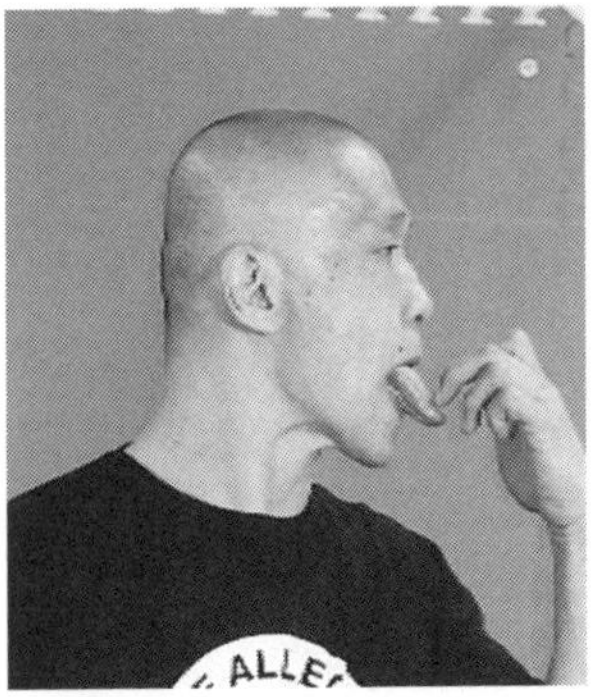

舌を大きく伸ばして指で触れる。

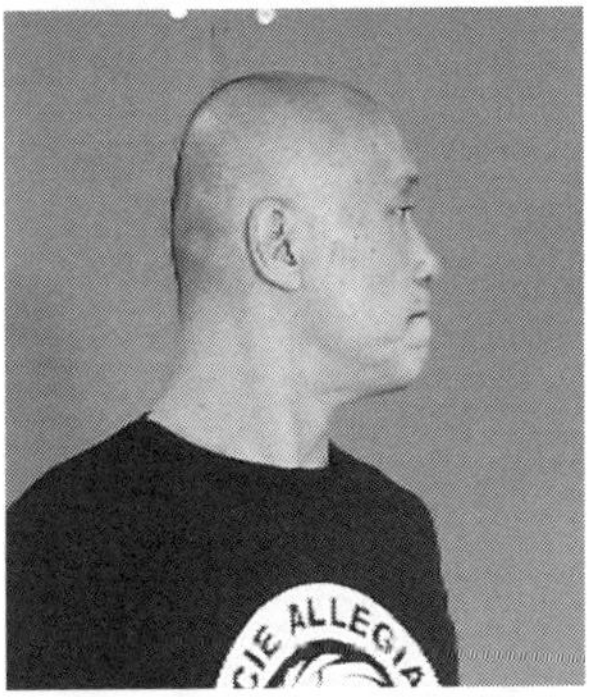

口を閉じて、口の中で舌を動かす。

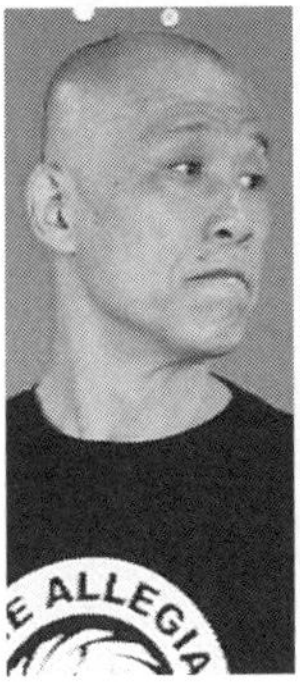

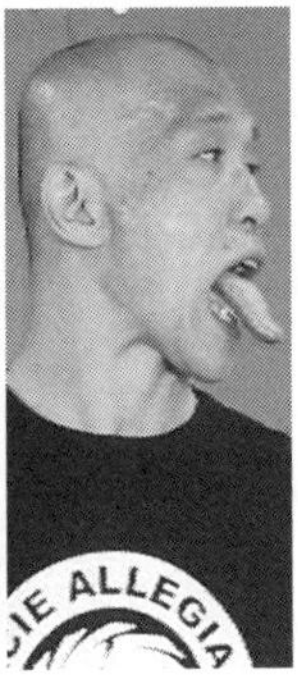

口を軽く開けたり閉じたりしながら、舌も一緒に動かす。

と共に生きるのでしょう。自然をカラダ全体で感じながら、地球の力を感じながら。危険なことも恵みも五感の全てを使って感じて日常を過ごす、そうすると日常で研ぎ澄まされた五感が、外にある第六感も引き出して地球の恵みをありがたく享受しつつ、危険なものも回避できるのです。これが本来の感覚とカラダの感覚なのでしょう。動物は天変地異を地震までも第六感で予知するのですから。人間にも鋭い第六感は存在し、文明により眠っているだけなのでしょう。人が暮らすには地球との関係、五感そして第六感が本当は欠かせません。忘れている、本来はあたり前に使っていた感覚があります。

この感覚が出てくると、カラダの感覚が変わり元気が大きく増えてきます。そして武術の型の引手の意味がまた深く見えてきました。沖縄空手の達人が教えてくれた時、最後に聞かせてくれた一言があります。引手の動作をやってから、僕を見てこう教えてくれました。

「きちんとやると、そのうち風が吹いても動くようになると。」

五感の動きを重ねるとカラダがスッと動く。五感のどれでも動くが、カラダの奥の反応は微妙に違うように感じる。嗅覚はカラダに咄嗟の力を、聴覚はカラダに広がりを、視覚はカラダに方向性を、触覚はカラダ全体の調和を、味覚はカラダの奥の動きを引き出すような感じがする。まだまだ実験の段階で、医学や化学での証明もないのですが、自分で試して試して、試した末に出て来たものです。いずれにせよ五感によって起きる無意識の動きは、カラダの奥の力の引き出し方が微妙に違うのは間違いないと思います。一つでもカラダを変えて良くしてくれる運動は満遍なく行うことでカラダをもっと良くしてくれます。これは五感だけでなく無意識の運動指令を使った運動の全てに共通します。

運動を重ねると無意識が働く領域が段々繋がってきます。無理をしないで少しずつ引き出し繋げていくのが良いと思います。

カラダを動かす、その前には必ず五感を働かせる。五感が鈍ればカラダの動き、そしてカラダそのものも衰えていってしまいます。カラダを良くするのに見逃しがちな五感との関係…この見逃しているものを加えると思いもよらない効果があります。自然と共に暮らす時、意識と無意識は何の問題もなく調和して働き、カラダを整えながら元気をくれています。意識から出る動きと無意識の動きのバランスが崩れると元気も崩れていくのです。思いもよらない原因があるから対処できないカラダの問題が出る。対処できない問題の解決の多くは、思いもよらない解決法から導かれるのです。

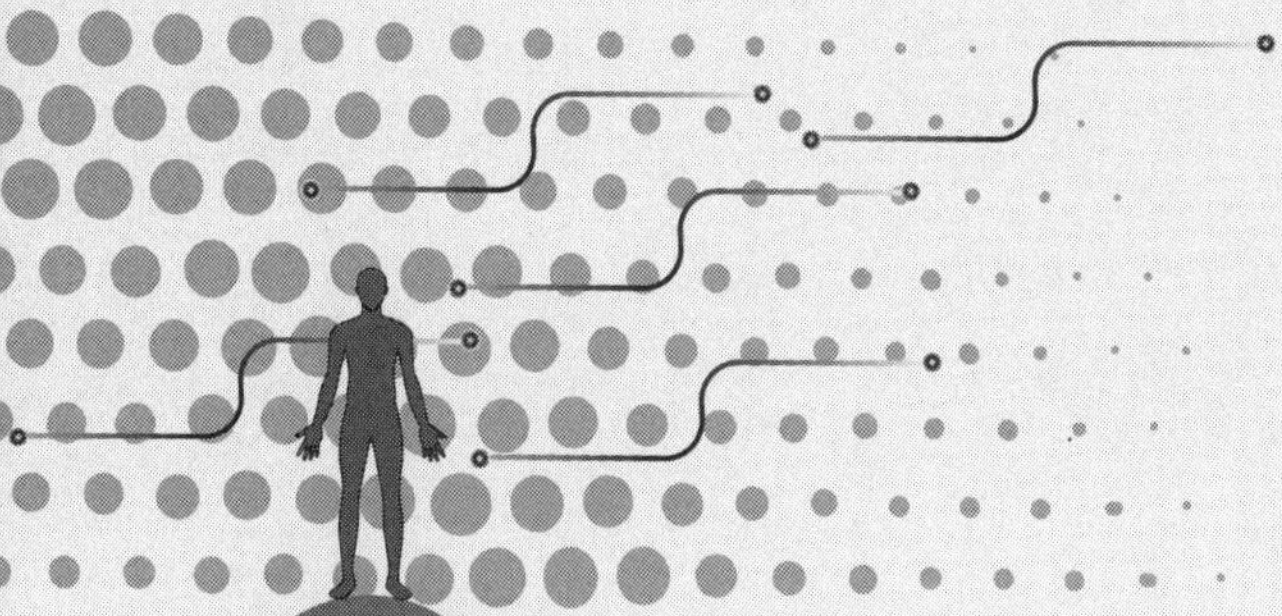

第4章

呼吸に関するさらなる話

1 コロナの日常

２０２０年、コロナウィルスが世界中に広がり日常が激変しました。外出自粛に伴い人々の外出移動にも制限がかかり、街の様相も一変しました。今まで想像もしなかった出来事が世界中を覆い尽くしました。人々の心には得体の知れない不安が重くのしかかりました。格闘技のジムや武術の道場も休館しました。外出自粛により指導を休まざるを得ない日々が約2か月続きました。テレビのニュースでは毎日不安を煽るような情報が流れ、人々の心を揺さぶります。心に何となく重石が乗せられたような日々が世界を覆いました。

意識と無意識を日々考えて稽古をするとこんなことに気がつきました。考え過ぎて出て来た余計な心配は、案外役に立たない。人は自分の考えで不安を消すことは難しい。不安を消そうとか考えると余計に不安が大きくなったりもする。不安は考えないようにしても消えないで、むしろ余計に大きくなる。

格闘技のプロだった頃。いつでも試合前の不安はつきものでした。デビュー戦を前にシュートボクシングの師匠である、シーザー武士会長からアドバイスを頂きました。きっとデビュー戦を控えた練習を見て、緊張に押し潰されるような感じの僕を感じたのでしょう。その日の練習が終わるとシーザー会長は、めし食いにいくぞ、そう誘ってくれました。試合前には減量もあります。一体なぜなんだ？そう思いながら会長について歩きました。会長が誘ってくれた店は居酒屋でした。一体なぜ居酒屋なんだ？試合の前だぞ？　疑惑の塊のような感じで一緒に席に座りました。

席に着くと会長は生ビールを注文しました。しかも2つ。試合前のアルコールは駄目。これは会長が教えてくれたことです。当然のように断ります。

「大丈夫だ、一杯だけだから飲め。」

多分僕はポカーンとした顔をしていたのでしょう。試合前の緊張に加えて、いきなり試合前に禁止のビールが目の前にあるのだから。どこが大丈夫なのか分からないままポカーンとしていました。

「明日からは飲んじゃだめだぞ。」

「今日は良い、俺が許す、一杯だけだぞ」

シーザー武士会長と

　ジョッキが目の前にあります。ジョッキはよく冷えていて周りには水滴がついています。久しぶりのアルコール。とても美味しそうです。ジョッキを見ながら飲むのを躊躇《ためら》っている僕に会長は、

「良いから飲め。」

「遠慮するな。」

　いやー遠慮ではないんですが、とか思いながら飲むのを躊躇います。

　そのうち断りきれなくなりました。何しろデビューするシュートボクシングの創始者で団体のエースで所属するジムの会長と二人きりなのです。

会長から飲めと言われていつまでも断る訳にもいかない。色々な事を考えながら渋々と飲みました。

一口飲むと、練習で追い込んで大汗をかいたカラダにビールが浸み込みました。とてつもなく美味しい。そして何だか不安。でもビールが美味しい。複雑な気持ちで会長の前に座って店内を見ました。居酒屋は楽しい空間でした。周りのお客さんたちは好きなものを頼んで食べてお酒を飲んで、笑顔で語り合っています。そして、どうやってもそこにいることに違和感がありました。試合前にこんなに楽しい空間にいてはいけない。なぜかそんなことを思ったりしながらソワソワする。そんな僕を見透かしたように会長は、

「デビュー戦の前だから緊張してるか？」

そう聞いてきました。

もう隠す余裕などない僕はすぐに、ハイと返事をしました。

「試合はな、誰でも怖い。」

「デビュー戦だけじゃない。」

「ずっと怖い。」

「俺でも怖い。」

「今でも怖いぞ。」


「でもな、やらなきゃいけない。」

「自分で望んだんだから。」


会長は僕をしっかり見ながら話を聞かせてくれます。

振り返るとプロの試合で緊張しなかった時は一度もありません。


「いいか、緊張から逃げるなよ。」

「緊張は逃げると追っかけてくるんだ。」

「緊張からは逃げられないんだ。」


そうか、逃げられないんだ！　何となく分かったような、分からないような。でもその時何かが心に響きました。その時居酒屋の景色が消えるような感じがしました。周りの楽しそうな景色は目に入らなくなって、そのうち周りの雰囲気も感じなくなりました。周囲の光が消えて、目の前のシーザー会長だけが見えるような感じがしました。

「緊張に浸りきるんだ。」
「怖さから逃げないで浸りきればいいんだ。」
「そうするとな、向こうの方から逃げていく。」

会長は笑顔で教えてくれて、美味しそうにビールを飲みました。

「さっと飲んだら帰って寝ろ。」
「明日からまたやるぞ。」

残っていたビールを飲み干して会長にお礼を言って帰りました。プロだった頃の試合前には、いつもこの日のことを思い出していました。コロナで不安が伸し掛かる日々に、この日のことをまた思い出して、色々やってみました。稽古を一日中やりました。他にやることがないので朝から晩までやりました。時間が沢山あるので、普段はそれ程やらない剣術の素振りを沢山やりました。ここから呼吸に関する発掘が始まりました。コロナは困った問題ですが、コロナの自粛期間があったから出て来た発掘です。56歳になった僕は22歳のデビュー前を思い出しながら稽古をやりました。

素振りを繰り返しながら、プロの選手だった頃の思い出、きつい練習で何も考えられなくなった後に少しやってきた不思議な心の時間を思い出しました。練習でカラダが動かなくなる、そこからまた動き続けるとカラダが勝手に動くような不思議な感じになる。そういった練習が終わると、心もスッと軽くなる。そんな心の状態になったことを思い出しました。

格闘技の試合では長い時間をかけて闘う準備をします。対戦相手が決まると、ずっと対戦相手のことを考えます。寝てる時にも夢で出てくるくらいに考えます。試合が終わるとスッと何かが消えます。そして対戦相手と不思議な心の繋がりが生まれます。この時やってくるのは損得とか好き嫌いとかを超えた不思議な感情です。ホンの少し前までお互いに真剣に相手を倒そうと考えて、全身全霊で向き合って闘った相手。試合が終わると一瞬で心が変わる。昔からの家族のような不思議な感情に変わります。

心はスッと変わる。格闘技の練習と試合で何度も何度も経験して知っています。変わるには何かがスッと抜ける必要があります。いくら考えてもその精神状態にもカラダの状態にもなれません。やり方次第でスッとやってきます。これも意識と無意識の関係なのかもしれません。意識が消えるくらいに打ち込んでやると、無意識が出てきます。意識には多分余計な考えが結構入っているのでしょう。意識が消えて出てくるのはきっと本当の心なのでしょう。自分が知らない、普段は自分で出せない隠れている心。隠れていた心は自分が知ってる心よりもずっと強くずっと優しい。素振りをどんどんやりました。そのうちに、もう一つ思い出しました。

シュートボクシングの選手だった頃に空手の全日本大会に出場したことがありました。格闘技雑誌が注目して格闘技ファンも注目した大きな大会でした。ところが大会の3週間前に膝を怪我して試合どころか歩くことができなくなってしまいました。立っていても膝がプルプルと震える感じでとても困った状態です。医者は全治3か月と診断しました。全治3か月で試合まで3週間。とても困った状態です。素振りをしながらその時にやった練習を思い出しました。

怪我で立つことができないので、椅子に座ってパンチを打つ。それしかできないからとりあえずやってみた練習です。これだけでは試合に間に合わない。すぐにそう感じました。追いつめられると色々と人はいつも以上に工夫します。どうやって動けないカラダで追い込んで試合に備えれば良いのか？　出て来た答えは息を止めてパンチを無茶苦茶に沢山出す、でした。繰り返すと次の工夫が出て来ました。

息を吸って全部吐き出してから、そのままパンチを滅茶苦茶に沢山打つ。この方がカラダに大きな負荷がかかる。かなりきつい練習です。でもできるのはそれしかない。だからそれだけを全身全霊で繰り返しました。続けたら1週間位で立って打てるようになって、試合の前日には普通の動きができるようになっていました。

空手の全日本大会ではベスト8に入賞しました。出世試合の一つがこの大会でした。人気漫画グラップラー刃牙の作者が、この時の空手に挑戦する僕を見てインスピレーションを感じて、刃牙のモデルにしてくれました。空手の大会に挑戦する僕からイメージを膨らませてグラップラー刃牙が誕生した。もしも怪我で欠場していたらグラップラー刃牙は違った展開に、または生まれなかったかもしれません。

膝の怪我をしたので試合までの3週間1回もスパーリングをしていない。ミットもサンドバッグもしていない。ただ息を止めて滅茶苦茶にパンチを出し続けただけ。それなのに試合でカラダは良く動いてスタミナも大丈夫でした。あの時には、緊張感が上手く働くと人は、隠れていた凄い力を引き出せるんだ、単純にそう思っていました。もちろんそれもありました。緊張感を味方にすると人は普段出せない力を発揮する。

しかしそれ以外にも秘密があったのです。56歳になった僕はその秘密を知ることになります。

コロナの期間も息を止めて素振りを繰り返しました。時間があるので丁寧に長い時間をかけて毎日。そのうちに第3章で書いた呼吸と舌の関係が、進化してカラダから出て来ました。呼吸を止めてカラダを動かし続けると、舌の位置が武術の口伝の位置に自然に落ち着く。鼻から大きく息を吸ってそのまま止めて動く。この時に呼吸が漏れないように、舌は上の歯の付け根辺りに張り付くように無意識に移動して、横に広がっていくようになりました。息を吸うと舌がスッと動く。お腹から大きな力を出すと舌が広がるように動く。舌で自然に口から息が漏れないようにふたをするのだ。

おそらくこれが武術の呼吸に関する、カラダの奥の力を引き出す舌に関する口伝の意味なのでしょう。呼吸は鼻から吸うよりも口から吸った方が沢山吸える。口から吸うカラダの動きで鼻から吸うことができれば沢山吸うことができる。その時には空気が口から入ってこないように舌で口にふたをすることが必要になる。

舌と呼吸を重ねてカラダを良くする運動を前章から続いて紹介します。前章で紹介した運動に

舌刺激と呼吸を合わせたストレッチ

鼻から息を吸って溜める。

息を溜めたまま、カラダを捩じって舌を出す。これによってスッと捻転が深まる。

舌を軽く噛んで刺激を加える。また、噛んだまま舌を上下左右に動かすと、さらに捻りが深くなる。

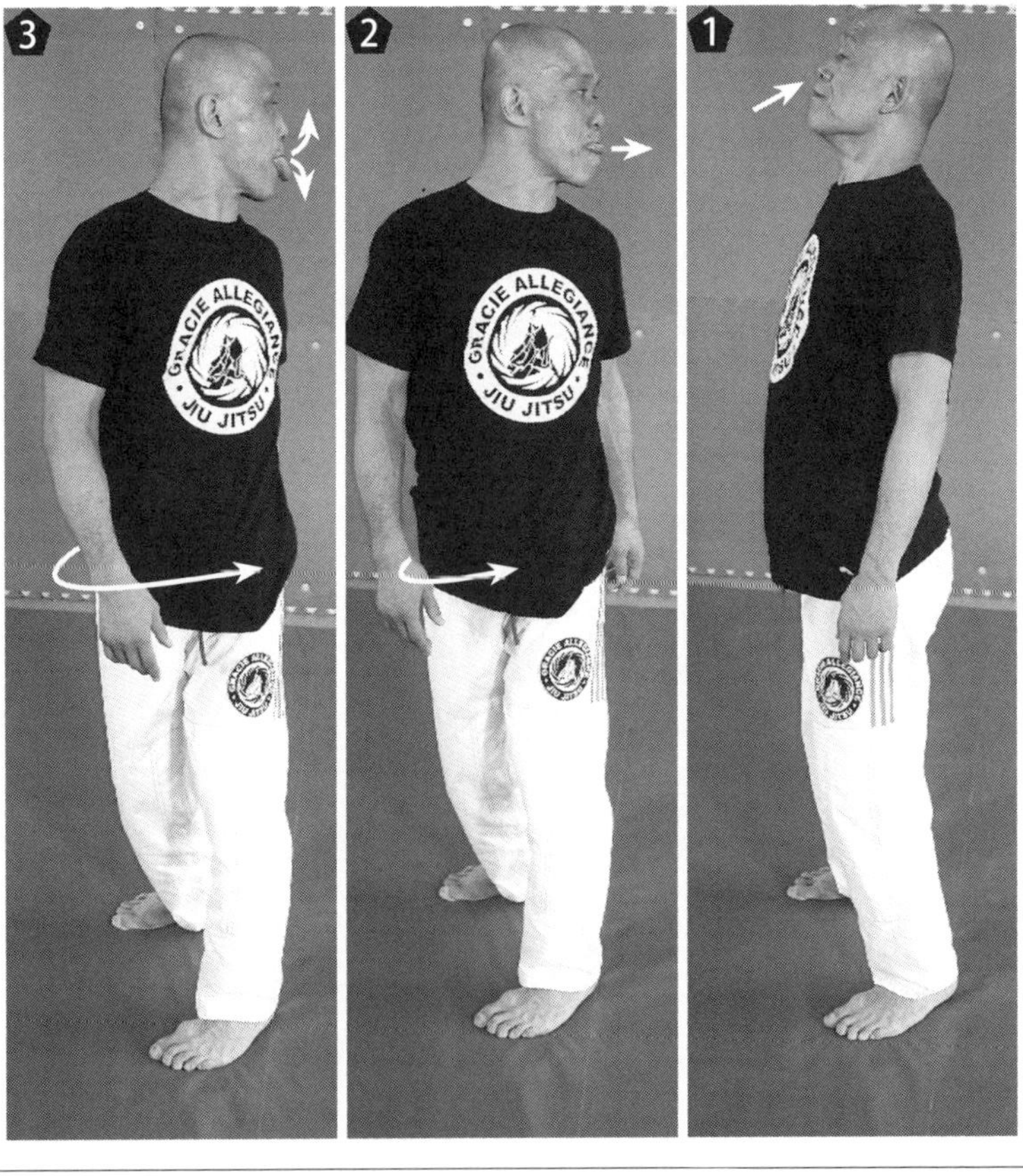

呼吸を加えます。鼻から息を吸って息を溜めたまま、カラダを捻じって舌を出す。この動きでスッとさらに捻転する。舌を出したら唇で舌を噛むように顎を動かす。舌を出して動いたカラダはさらに動きます。軽く噛むことで舌に刺激が加わるので無意識の運動指令が大きくなりスッと可動域が向上するのです。唇で噛みながら舌を上下や左右に動かすとさらに動きます。

この運動は両手が空いているので、他の五感の運動や色々な運動と組み合わせることができます。舌の動きは内臓や呼吸に密接に関係しているので、他の運動の効果がより体の内側まで届きやすくなります。カラダの奥から繋げるために色々な運動を組み合わせる時の鍵になるのが舌の働きです。前章で書いた舌に関する口伝は、「自分が弟子に抜かれても良いと思った時に伝える」と聞かせて頂いたことがあります。きちんとできるようになると、それだけ効果が高いカラダに関する秘密なのでしょう。

呼吸法を重ねた素振りを繰り返していくと心が大分落ち着いて、カラダの調子も凄く良くなります。稽古をしながら呼吸と心身の関係って不思議だなと改めて思いました。そんな時に一冊の本を知人から勧められました。これもまたご縁です。今までの経験を証明するような事実がその本に書いてありました。この本との出会いは、コロナの不安から逃げないで浸りきったご褒美なのかもしれません。

2 口呼吸の弊害

素晴らしきご縁で出会った一冊の本には、以下のようなことが書かれていました。

『人生が変わる最高の呼吸法』パトリック・マキューン著（かんき出版）より

ボーア効果は１９０４年に発見された。発見者はデンマーク人生理学者のクリスティアン・ボーアだ。コリスティアン・ボーアの言葉を借りると、

「血中の二酸化炭素の圧力は、体内の呼吸代謝において重要な役割を果たしている。適正な量の二酸化炭素を使えば、人間の肉体はより効果的に酸素を活用出来るようになる」

（中略）

意外に思うかもしれないが、肉体が活用できる酸素の量は、実は血液中にある二酸化炭素の量で決まっている。人間は酸素を吸って二酸化炭素を吐き出している。そしてたいていの人は、二酸化炭素は酸素を使った後に出るゴミのようなものだと教わっただろう。

しかしそれは間違っている。二酸化炭素は、血中の酸素が体内に取り込まれる量を決めるという、重要な役割を果たしているのだ。

二酸化炭素のこの働きは「ボーア効果」と呼ばれている。

二酸化炭素には、血中の酸素が体内に放出されるのを促すことの他にも、血液の酸性度（PH価）を調整するという役割もある。

二酸化炭素は、呼吸、血液、筋肉への酸素の放出だけでなく、正常なPH値を保つうえでも重要な役割を果たしている。簡単にいうと、体内の二酸化炭素が、私たちの健康状態を決めているということだ。

一方、血中の二酸化炭素が少なすぎると、血管が収縮し、ヘモグロビンが酸素を放出しなくなる。その結果、筋肉に十分な酸素が行き渡らず、体がうまく動かなくなる。息が切れ運動パフォーマンスが向上しなくなる。

こうやって悪循環が出来上がるのだ。運動して息が切れ、息が切れるのでハーハーと大きく呼吸し、それによって更に息が切れる。

息を思いっきり吸ってから吐き、止めてそのまま運動を続ける。自分で考えた運動は深い呼吸の極めつけのような呼吸なので、カラダの機能を大きく高めてくれていたのです。だから全治三か月の診断から三週間後の試合でもベスト8まで行けたのでしょう。

この本にはもう一つ興味深い内容が書いてあります。口呼吸と鼻呼吸に関する話です。

1998年、ロバート・F・ファーチゴット、ルイス・J・イグナロ、フェリド・ムラドは、一酸化窒素が心血管システムで重要な情報伝達の機能を担っていることを発見し、ノーベル賞を受賞した。

奇妙なことに、一酸化窒素には人生を変えるほどの力があるというのに、医学会の外ではほとんどその存在が知られていない。

一酸化窒素がつくられる場所は、鼻腔と、全身に張り巡らされた全長10万キロにもなる血管の内壁だ。化学的な研究によると、一酸化窒素は、鼻呼吸によって鼻から器官、肺へと送られていく。

カラダが酸素を取り込むうえで、一酸化窒素はとても大切な役割を果たしている。

一酸化窒素には、肺の中の気道や血管を拡張する働きがある。一酸化窒素の利点を生かすには鼻呼吸することが不可欠だ。

一酸化窒素はまた、「血圧の調節」「恒常性の維持」「神経伝達」「免疫機能」「呼吸機能」でも重要な役割を果たしている。

「高血圧を予防する」「コレステロール価を下げる」「動脈の老化を防いで柔軟性を保つ」「動脈瘤を予防する」などの働きもある。

また、一酸化窒素には抗ウィルスや抗菌の働きもあり、あなたの体を微生物から守ってくれる。そのため、病気のリスクが減り、全体的な健康状態が向上すると考えられる。

偶然の怪我からどうしようもないような状態で、知らずにやっていた練習は、実に理論として正しく、カラダに抜群の効果をもたらしてくれていたのです。

柳生心眼流の稽古でも同じ呼吸をします。鼻から吸って息を止めてお腹に溜めたまま動く。知識として知ってはいても、それ程重要に考えていなかった武術の呼吸法。あまり深く考えないで適当にやっていました。そのため深い意味が分からなかったのが心眼流の呼吸法でした。口伝を深く探り稽古を重ねる大切さを改めて知りました。コロナで時間が有り余るほどあって、不安の中で徹底的にやった稽古は、知らずにいつもよりも高い集中力を発揮してくれたのでしょう。呼吸の意味を教えてくれました。やったことのあること、一度経験したことがあることの再現性は高くなります。あの時の空手の全日本大会前の怪我の不安から逃げないでやったことは、長い時間が経つと素晴らしい贈り物に変わりました。色々なことがスッと繋がってきました。この呼吸の原理をしっかりと使うと、カラダが本当に元気になります。また悩みもスッと消えたりします。呼吸はカラダを動かす重要な生命活動だから、ここまでの章で紹介した運動と組み合わせて行うと全ての運動の効果が倍増します。

3 鼻から息を吸い、息を止めて動く

ここまで書いてきたように、鼻から息を吸うことでできる一酸化窒素、呼吸が苦しくなった頃に二酸化炭素の量が増えることでカラダの能力は飛躍的に向上します。カラダで起こる生命現象は無意識に変わる呼吸によってカラダが無意識に調整をしてくれます。これもまた地球の空気がくれる無償の恩恵なのでしょう。緊張すると呼吸が浅くなったりします。この呼吸の稽古を続けると、浅くなることの深い意味が分かります。緊張すると息を吸うのも吐くのも苦しくなります。緊張が解けると、ふーっと息を吐いて安心します。吸えないのは吐けないからなのでしょう。人のカラダで起きることにはおそらく何一つ間違いもなく、無駄もないと考えます。緊張したらカ

ラダが無意識にそれに合わせて力が出るようにしてくれます。格闘技の試合で緊張して意識ではダメだこれじゃ動けない、などと思ったことが何度もあります。ところがそんな時の試合の方が良い動きをして鮮やかに勝ったりしていたのです。

緊張して息が苦しいのは、呼吸を溜め込むことで隙のない呼吸に変わるからです。そうやってカラダの準備ができてもそこから動かす経験がないと、ただの呼吸が苦しいだけの変化に終わります。咄嗟に固まるように息を溜めて動かす筋肉が衰えているからです。格闘技だけでなく他のスポーツや仕事や試験などでも緊張した方がいつもよりも良い結果になったという経験をした人は、実は多くいるのではないでしょうか。経験を積むと程よい緊張が良い結果を生むようになっていきます。緊張で固めた呼吸を動かす力ができてくるのです。

野生動物は突然の出来事に会うと、咄嗟にカラダを固めます。野良猫と道で会ったりしたらお互いに咄嗟にカラダを固めます。野良猫は野生ではありませんが、人と比べると大分野生が残っています。咄嗟に固まった状態は、人の呼吸で言えばお互いに動けない状態です。ところが野良猫はスッと動く。固まった状態からスッと動く、この時の動きはとても素早い。野生動物であればこれが普通なんだと感じます。咄嗟の時にカラダが固まり、息を溜めこむのは素早く動くため、というのが本当なのです。現代ではカラダを使った生活が楽になっているので、呼吸も浅くなっています。固まった状態から息を吐く力がなければそのまま固まってしまうことになります。試合でスッと鮮やかに勝った時には、自分でも知らないような動きが出ています。頭で考える前に出た技は相手に知られることなく相手を倒します。この時の呼吸は緊張感で固まったような状態から脱出するような呼吸です。この呼吸からの動きは普通に動く何倍も速く相手に悟られない動きになっています。呼吸も緊張すると無意識に変わって備える。この時の動きは思考を超えた本能的な動きで、本能から遠ざかった日常では緊張することを悪に考えますが、本当は緊張も正常な本能的な無意識のカラダの働きなのです。緊張を友達にすると良い。多くの優秀なスポーツ選手はそう言います。

人のカラダが行う無意識の運動指令には無駄はないので、本当に疲れた時に口で呼吸をするのも意味があるのだと考えられます。とても疲れた時には生命活動を落として休養したりも必要です。鼻から息を吸って息を止めて素振りを繰り返して、呼吸が苦しくなって止めた時には必ず息を吐く。自分の意思ではなく無意識にそうなる。息が苦しいなら吸った方が良いのに吸うことができない。無意識に息を吐き出してそれから口呼吸になって段々と落ち着いてくる。上手に吸うには上手に息を吐くことも大切なのでしょう。赤ちゃんがはじめにする呼吸は吐くことです。なぜなのかは分かりません。空気のないお母さんの胎内から出て、一番はじめにするのはなぜか息を吸うのではなく吐くこと。これも生命の仕組みなのです。

空手には息吹きという大きく息を吸って全部吐き出す呼吸があります。

膝を怪我して呼吸を止めた激しい練習をやった日々にも、苦しくて動けなくなったら息吹きをやっていました。息吹をして回復したらまた呼吸を止めて動く。この繰り返しが怪我からの回復とベスト8に入賞した時の練習です。大きく息を吐くこともきっと大切な運動なのです。沖縄の達人の道場では声を出して突きや蹴りはやっていませんでした。普通は号令に合わせて1回ずつ大きな声でエイとか声を出しながら突きや蹴りや受けをやります。達人の道場では最後の1回だけ大きな声を出して稽古していました。最後の1回は声を出すことで息を吐き出して、それ以外の何十回は呼吸を止めて突く……たった一度だけの稽古だったので気がつかなかっただけで、もしかしたら本当はそうやっていたのかもしれません。何となくそんな気がしてきました。息を止める運動で苦しくなってきたら、今度は息を大きく吸って大きく吐く運動もやると良いと思います。

鼻呼吸と口呼吸の違いを証明するために一つ実験をしてみましょう。腕相撲をやってみます。一人は鼻から、もう一人は口から息を吸う。その状態で腕相撲をする。次は鼻から吸った人は息

呼吸だけで力が変わる⁉

一人が口から吸って、その後口呼吸を継続、もう一人が、鼻から吸った後に息を止める、という呼吸の違いが肉体パフォーマンスにどう顕れるかを腕相撲で検証。

鼻から吸って息を止めたまま倒しに行く側が、どんどん優位に！

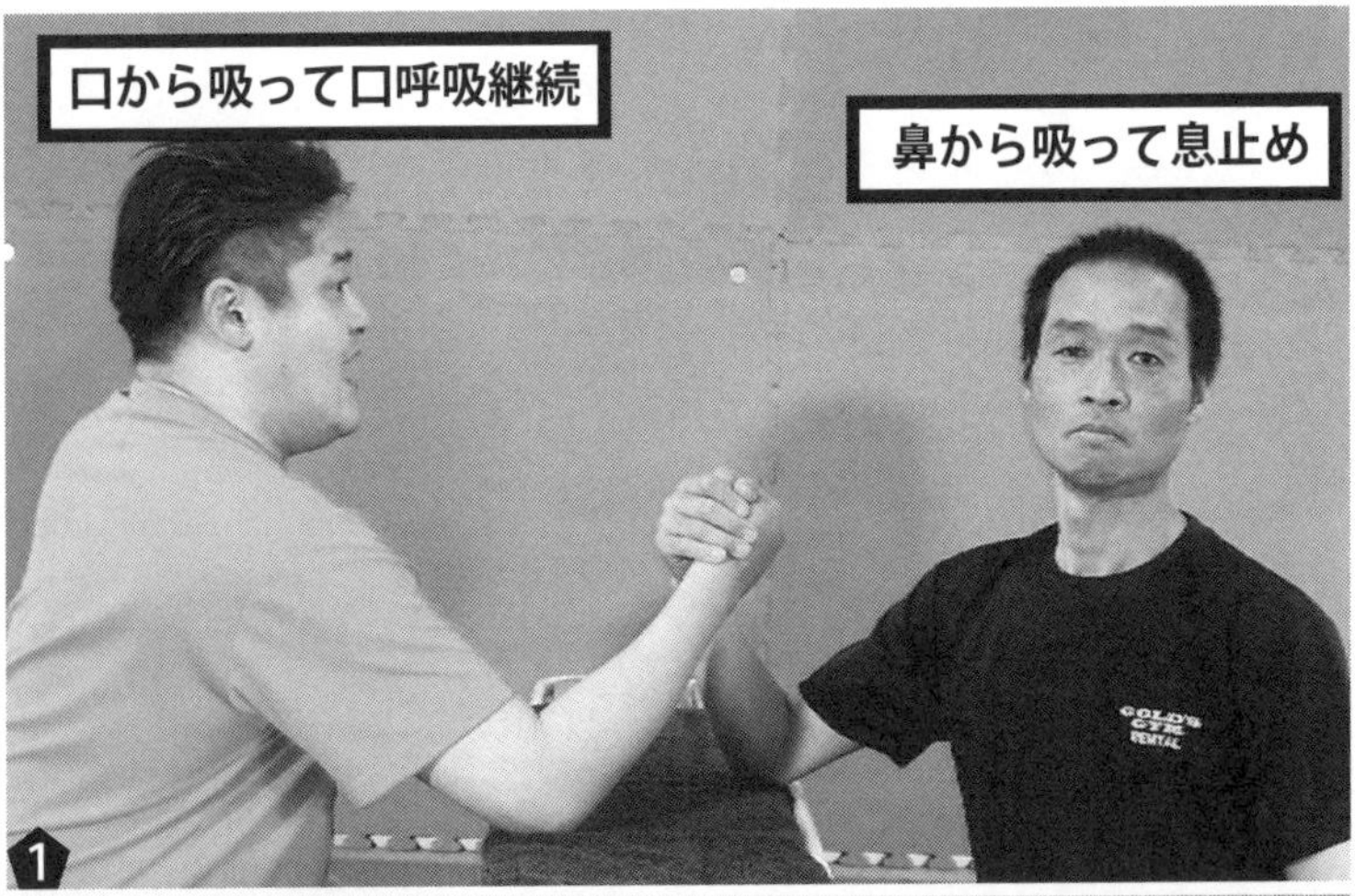

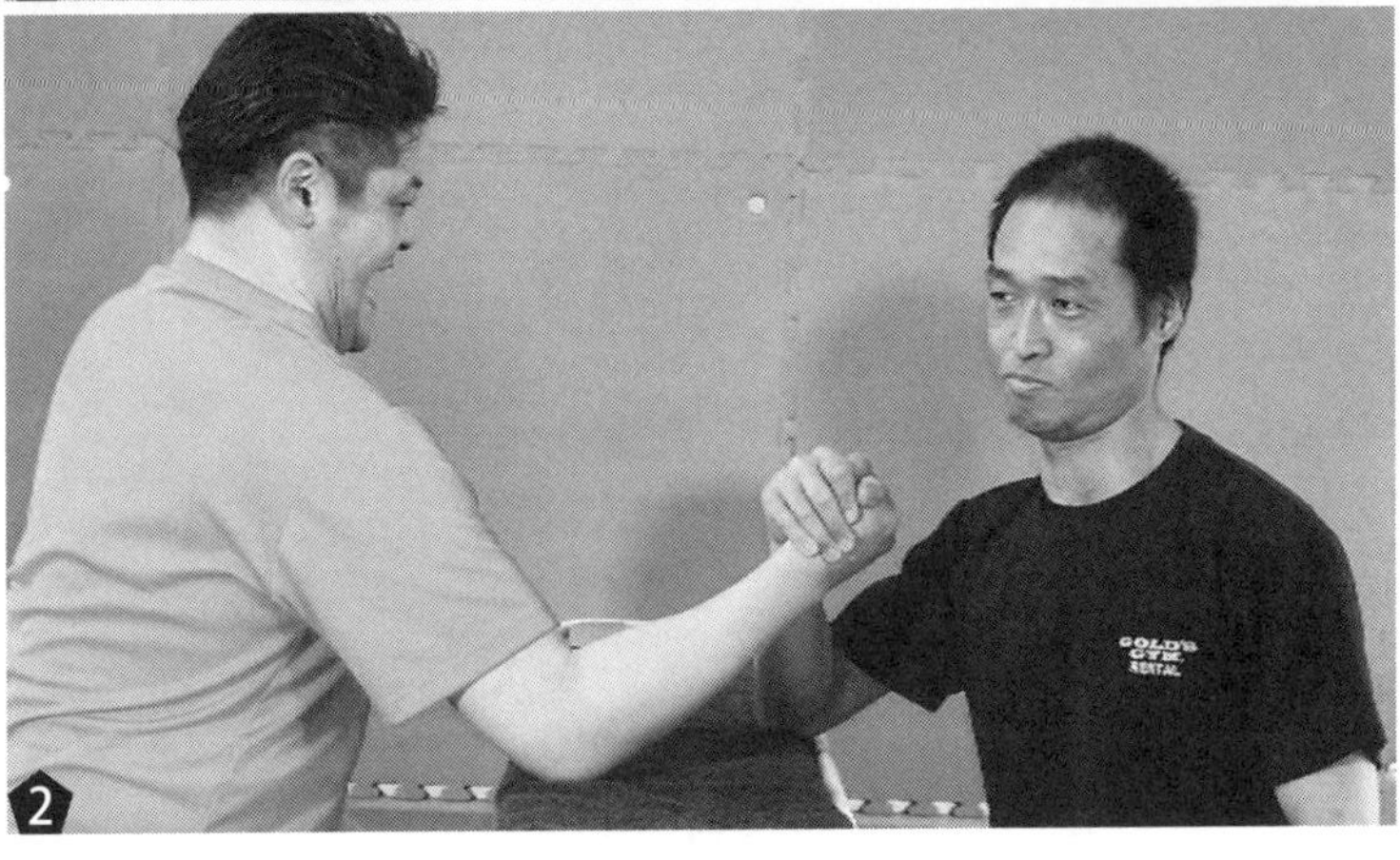

全身くまなく繋がった、力の入るカラダを作る！

鼻から息を吸って、息を止めたまま左右に捻る動作を繰り返す。カラダ全体が繋がって、力が入る感覚が得られる。

を止めたまま、口から吸った人は息を吐きながら。こうすると段々力の差が出てくる。次は鼻から吸った人は呼吸を止めて10秒くらい、口から吸った人はやはり10秒間口呼吸を続ける。これでどんどん力の差が出て来てしまいます。

この腕相撲の実験で出て来たのは力の差ですが、現実には生命活動全般に差が出ていると考えられます。

この呼吸法で改善できるのはカラダの働きの全てです。腕を上げてカラダを捻じる運動でやってみましょう。鼻から息を吸って息を止めたまま捻じる動作を繰り返す。続けるとカラダ全体が繋がって力が入る感じがしま

"違和感"をクリアにする呼吸効果

カラダに違和感がある時、無理のない範囲でその動きを、鼻から息を吸って止めながら、苦しくなるくらいまで行ってみる。2〜3回で大分楽になってくる。

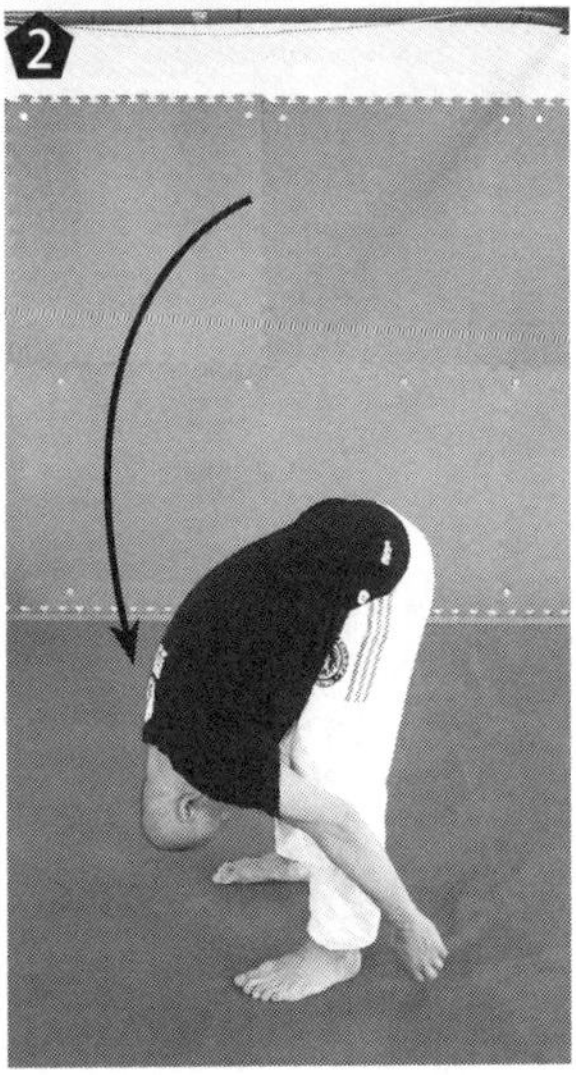

す。この原理で格闘技だけでなくストレッチや他のスポーツの動きも向上します。どこかカラダに違和感がある場合、その動きを無理しない範囲で鼻から息を吸い、止めながら苦しくなる位まで2～3回やると大分楽になります。

カラダの動きは地球の変化に応じて性能を変えます。カラダの動きも色々な動きを組み合わせて変化を加えて動かすと元気が大きくなります。格闘技の動きでやってみましょう。その他のスポーツや日常でやりにくい動作の改善も同じやり方でお試し下さい。

鼻から息を吸って息を止めてパンチを6回、そのましゃがんでジャンプ、もう一度パンチを6回。パンチの回数はおおよその目安です。カラダは捻じることで無意識に性能を高めるので、パンチを左右に捻じりながら打つと更に効果が高まります。

肩のストレッチでも同じ原理の動きをやってみましょう。鼻から呼吸して息を止めたまま肩のストレッチを、動かしながら3回、ジャンプしてまた3回。3回はやはり目安です。苦しければ無理しないで回数を減らして下さい。

骨は動かす時の引力の刺激によって電圧を変えます。骨の電位の変化は筋肉に変化を与えます。息を止めてジャンプをすると運動の効果がさらに高まります。

呼吸を使った複合トレーニング1

鼻から吸って止めたまま左右パンチ6回（写真1）。ジャンプして（写真2〜3）もう一度パンチを6回（写真4）。

呼吸を使った複合トレーニング２

鼻から吸って止めたまま肩のストレッチを３回（写真１）。ジャンプして（写真２〜３）もう一度肩ストレッチを３回（写真４）。

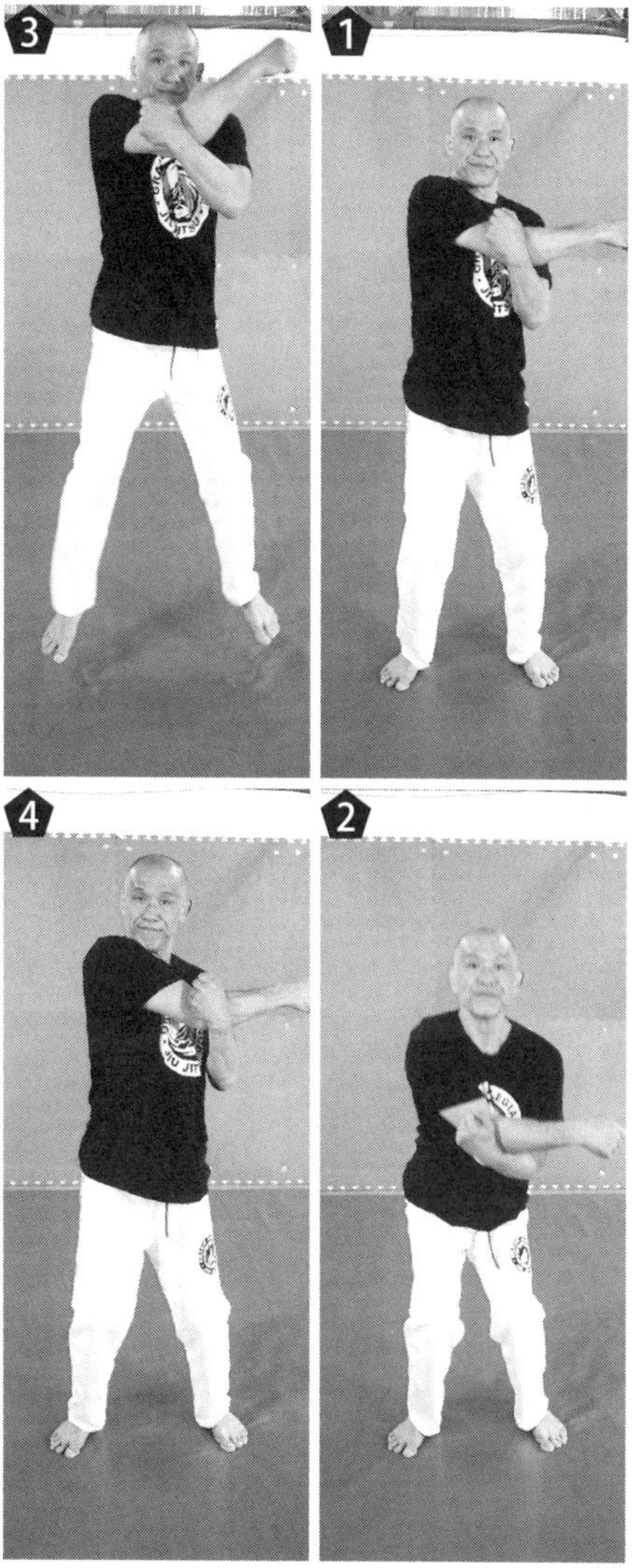

ジャンプしたら、１８０度の方向に向き直って着地する方法。

次はジャンプを180度の回転に変えます。この動きで更に動きが無意識に向上します。ジャンプする動きが普段感じられないカラダの奥の機能を引き出し、カラダ全体が向上することを昔の人は知っていたのでしょう。中国武術や空手にも型の中でジャンプする運動があります。

次は2人でやる運動です。組み合って投げるように崩すことを、鼻から息を吸って息を止めたまま5回繰り返す。回数はおおよその目安です。組み合って投げる動きの運動を一人でやっても効果があります。2人でこの運動をやると武術の〝呼吸を読む〟という意味がより理解できます。技を受ける方が同じように鼻から息を吸って止めたまま動くとお互いにリズムが合って良い動きになります。受ける方が息を止めないで受けをすると、動きで置いていかれてしまいます。息をしない相手に対して呼吸をすれば動きで後れを取ることになるのです。これが相手と闘う時の呼吸の乱れです。呼吸の乱れはカラダの隙に繋がるので乱れた方のカラダがあっさりと崩れます。パンチを6回出す運動も同じやり方でやってみましょう。息をするとパンチは受けにくくなります。この呼吸をされると、正に息つく暇もない。言葉通りの状況になります。

格闘技の試合であっさりと勝てた試合はおそらくこの呼吸を無意識にやっていたように思えます。強い選手は練習で呼吸も上手にやっています。強い選手の動きは隙がないように見えます。

呼吸を使った対人トレーニング

相手と組み合って、鼻から息を吸って止めたまま投げるように崩す動作を5回繰り返す。受ける側も同じように息を止めて行わないと、動きにおいて置いて行かれることになる。

鼻から息を吸って止めたままパンチ6発連打。相手は受けるが、これも息を止めずに普通呼吸で行うと受けにくくなる。

その要因の一つが呼吸にあるのでしょう。呼吸が乱れれば強い選手でも普通以下の選手の動きに変わってしまいます。

4 昔の暮らしと武術

昔の人は生活全般でカラダを使って暮らしていました。家族全員が暮らしの中で当たり前に、みんなで力を合わせて暮らしていました。ご飯を炊く、洗濯をするのにも便利な電化製品がなければ、大変だったと思います。昔は日常の暮らしの中でやることが沢山あったので、幼い子どもでも当たり前に家の仕事をしました。

呼吸の稽古が進んだ頃に、たまたまテレビで時代劇を見ました。時代劇で子供が水を汲みにいくシーンがありました。昔は水を汲みに行くのは子供の仕事でした。柳生心眼流の師匠に聞かせてもらった話を思い出しながらテレビを見ました。テレビの中で幼い子供が木桶に水を汲んで歩いている。田舎の子供なので家から水を汲みに行く場所までは結構な距離がある。歩く道は山道のような感じで所々にぬかるみのような場所もある。地面も真っすぐではない。昔は日常にあった当たり前の風景なのでしょう。兄弟が多ければ、もっと幼い兄弟をおんぶして水を汲みに行った子供も沢山いたのです。

バランスの悪い道を重い木桶を持って歩くには、常にある程度の力が必要になります。歩きにくくぬかるんだ道では、力が抜けた瞬間に足を奪われる可能性があるからです。力と呼吸には密接な関係があります。息が抜ければ力も抜ける。息を全部吐き出せるのは木桶を道に置いて休む時だけです。その時には、ハ～とか声を出しながら息を吐きだして休む。山道を木桶を持って歩く時は常にある程度息が溜まって、お腹の辺りに力が必要です。そうでなければ上手く歩けないのです。幼い子供でも日常でこの動作と呼吸をすればカラダはいつの間にか健康になり、現代の子どもの何倍も日常で使う動きが成長と共に発達するでしょう。お腹に力があると姿勢も良くなる。腰に力も出る。腹が座ったという言葉はお腹に力があるからそうなります。腹が座ったよい姿勢なら心もきっとしっかりするんだと思います。

これもまたご縁で農家の畑仕事を手伝った時のことを、テレビを見ながら思い出しました。その日は何となく閃いて裸足で畑仕事の手伝いをしました。畑の土は柔らかく耕されている。空気を程よく含んだ土が美味しい作物を育てるから畑を耕す。よく耕した畑の土は空気を含んでフカフカになる。作業を続けると地面から水が染み出て来て足元がドロドロになっていった。数日間前に雨が降ったので表面は乾いていても、地面の下には水分を含んだ土が隠れていたのです。しゃがんで収穫するときには、しゃがんだまま移動する。作業を続けると、地面の下から水がドンドン出てきて滑りやすくなってくる。足を取られて転びそうになる。そのまま畑仕事を続けると無意識に適度にお腹に力がある状態に変わっていきました。お腹に力があれば自然に足の指から力が入って繋がる。この時には呼吸が自然に深く長くなり、お腹の辺りに力が溜まるような呼吸、全部吐き切らない呼吸になる。この呼吸に自然になった時、畑の中で普通に作業ができるようになっていました。

お腹の底にはいつも呼吸を溜めたことで生まれる力がある程度溜まっている。これが正に底力です。畑仕事を続けると呼吸も自然に鼻呼吸になっていました。カラダは無意識に必要な力を引き出すために変化するのです。こういった暮らしを小さなころからやっていたら、理想的な呼吸とカラダに誰でも自然になるんだろう。理想とはそこから離れた人にとっては難しいと思えますが、元々地球で生まれて暮らす生命は完全な理想のカラダを持って生まれ、理想の環境に生まれてきているのです。人は自ら望んで、自然を作り替えた便利と思える暮らしを作り出し、理想から離れたカラダの問題に悩んでいます。理想のカラダと健康とはそのままの自然とそこで動かすカラダの関係にあります。武術家はこの真理を知り、稽古に取り入れて鍛えた可能性が高いと思うのです。

第5章

100均グッズで元気になる

1 道具を使って未病を治す

東洋には未病という考え方があります。病気として出てくる前のまだ表に出てこないカラダの問題を未病と呼びます。現代では不定愁訴と呼ばれる原因不明の体のだるさや、睡眠の問題、腰痛や肩こりなどがこれにあたります。東洋では未病を原因不明とは考えずにまだ病に至らない、ごく小さな病と考えます。病気に至る前に出てくるカラダのごく小さな変化、これを見極めて治すことが古くからの東洋の知恵でした。下医は病を治せず。中医は病を治す。上医は未病を治す。古い時代では、このように言っていました。

未病の部分を消していくとカラダに余裕が生まれます。健康であることは、カラダに余裕があることです。元気な人は少々のことでは風邪もひきません。元気が少なくなれば少々のことで風邪をひいたりします。風邪をひく前に少し体力が落ちていたなとか、睡眠不足だったな…こういったことは多くの人が経験しています。

未病の多くはカラダの歪みとして出てきます。疲れが溜まると背筋が曲がってくるのも歪みとして出てきたものです。カラダの歪みには、様々な対処法がありますが、カラダを正しく動かすことでも減少します。筋肉は螺旋状にカラダに絡みつくようについています。そのためカラダを捻じることで全体が効率よく繋がり、その状態で動くと歪みが消えていきます。武術やヨガに捻じる動作が多いのはこのためと思われます。カラダを捻じる時に道具を使うと無意識の運動指令が、より効率よく届きます。道具を使った捻じる運動は腰痛や肩こりなどにも効果があり、歪みも減少させるので健康度を高めます。本章で紹介する道具は家にあるものや〝100均〟で買えるものを使います。

前著で紹介した〝100均〟で購入できる人工芝を使った運動は、下からの刺激で足裏からの本来の動きを目覚めさせる運動です。偶然見た健康番組でどうしてそうなるかの説明がされていました。タレントの関根勤さんが司会をされていた番組です。関根さんは格闘技が大好きなタレントさんで、プロ選手だった頃には、何度も会場などでお会いしてお話をしたりもしました。懐かしい感じで偶然つけたチャンネルを見ていたら興味深い話が沢山出てきました。

格闘技が大好きな関根さんも年を取ると健康に興味が出てきたようで。テレビでこんなことを言っていました。足裏の身体感覚は最近の研究によって体性感覚（全身の感覚）に大きな影響を与えているということが分かってきたと。番組の中では出演者が一本足の下駄を履いて歩く体験をして、勝手に姿勢が良くなりカラダがポカポカしてくる、等の話をしていました。

番組を見ながら、「これが無意識の運動指令なんですよ。」「一本足の下駄を履くと無意識に立ち方と歩き方が変わるので、意識では動かせない奥の部分が働き始めて元気になるんです。」「普段動かない奥が動くと、元気が出てポカポカしてきますよ。」と心の中で番組に参加した気分で見てしまいました（笑）。

一本足の下駄を履いて山伏は山を駆け巡り修行をしていました。山伏には現在では想像すらできないような驚異的な身体能力の逸話が残されています。

同じ番組で姿勢に関する話もやっていて、姿勢がよくなるとテストステロンというホルモンが分泌されるようになって自信が出るようになるという話でした。テストステロンが減ると疲れやすくなったりイライラしたりするようになります。肥満、頭痛、不眠などにも繋がるとハーバード大学の研究で言われるようになっているそうです。本書での運動も全て姿勢をよくすることを大切にしています。正に人工芝を足裏に置く前著の運動を証明するお話でとても嬉しくなりました。

前著の人工芝を使った運動を復習を兼ねて1つ紹介します。前屈をやってみる。そのまま人工芝に乗って足踏みを少ししてから再び前屈をしてみる。特に柔軟体操をしなくとも可動域が向上する。詳しくは前著をご参照下さい。足裏の感覚を高めると全身の感覚が高まり、運動の効果も

〝人工芝〟を踏んで可動域向上

まずは普通に前屈。

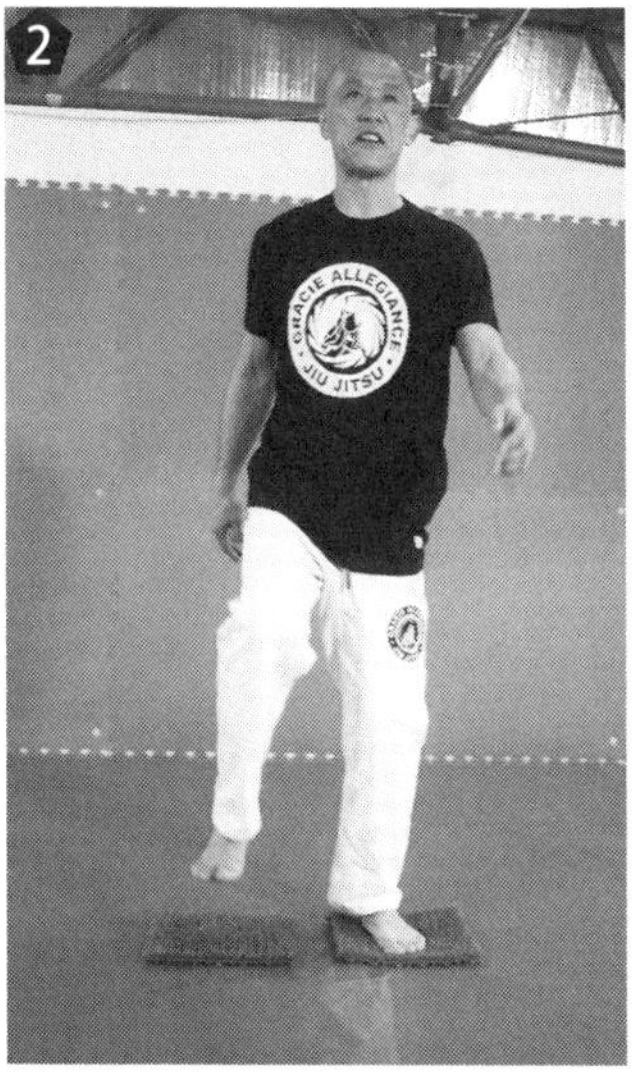

人工芝の上で足踏み。足裏に刺激。

人工芝を用意。30センチ角くらいのものが〝100均〟で買える。

足踏み後に再び前屈をすると、明らかにさっきより倒せるようになっている。

高まるのです。カラダの感覚が高まれば、動きが正され、歪みと共に未病も減少していく。人工芝は乗っただけで効果があるので、そのまま手を使って行う運動と一緒に行うこともできます。

それでは、前著を書き上げてから見つけた道具を使った新しい運動を紹介します。

ビューティーローラーも〝100均〟で買うことができます。本来の使い方とは異なりますが、そもそも皮膚を動かす器具なので皮膚に刺激を与える運動にも向いています。

まず腕を上に向けてストレッチする。続いてローラーで擦るとスッと可動域が向上する。カラダを捻じればカラダ全体が繋がるので、さらに可動域が向上する。脇腹や腰を擦ってもスッと可動域が向上する。数回擦って刺激を与えてから動きに合わせてもう一度スッと擦ると更に効果が高まる。ビューティーローラーは2人で組んでやると自分で触れられない背中などに触れることができるので効果が高まります。前屈や開脚、腰のストレッチなどで背中や首筋や骨盤辺りを擦るとスッと可動域が向上します。

皮膚を動かす方向には法則性があります。カラダの動きには自然に合わせた方向性があり、皮膚にも伸びやすい方向と伸びにくい方向があります。立つ時には足指から着く。脚は前面は下の

“ビューティーローラー”で可動域向上

片手を上げてカラダを伸ばすストレッチ。

“100均”で買える美容器具「ビューティーローラー」

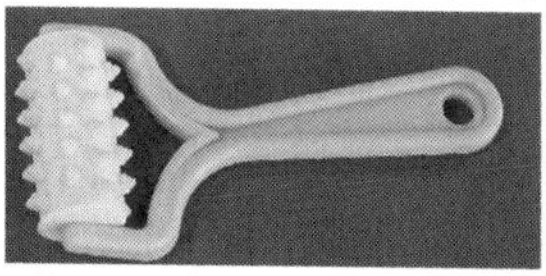

「ビューティーローラー」で胸から腕にかけてを刺激。

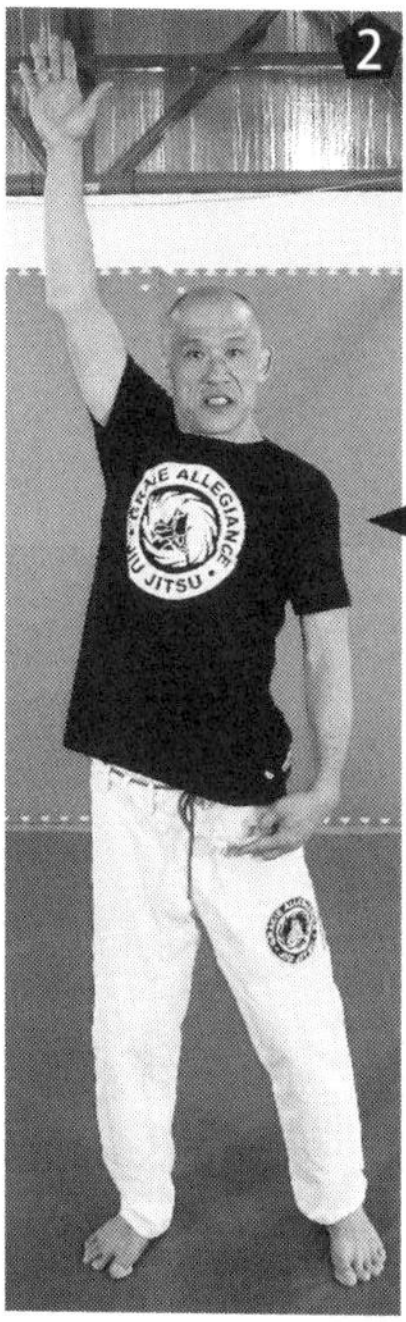

刺激後は、カラダ全体がよく伸びるようになっている。

2人組で行うと自分では触れられない部分に刺激を与えることができて効果的。部位によって、個人によって効果も違うのでいろいろ試してみよう。

カラダの方向性

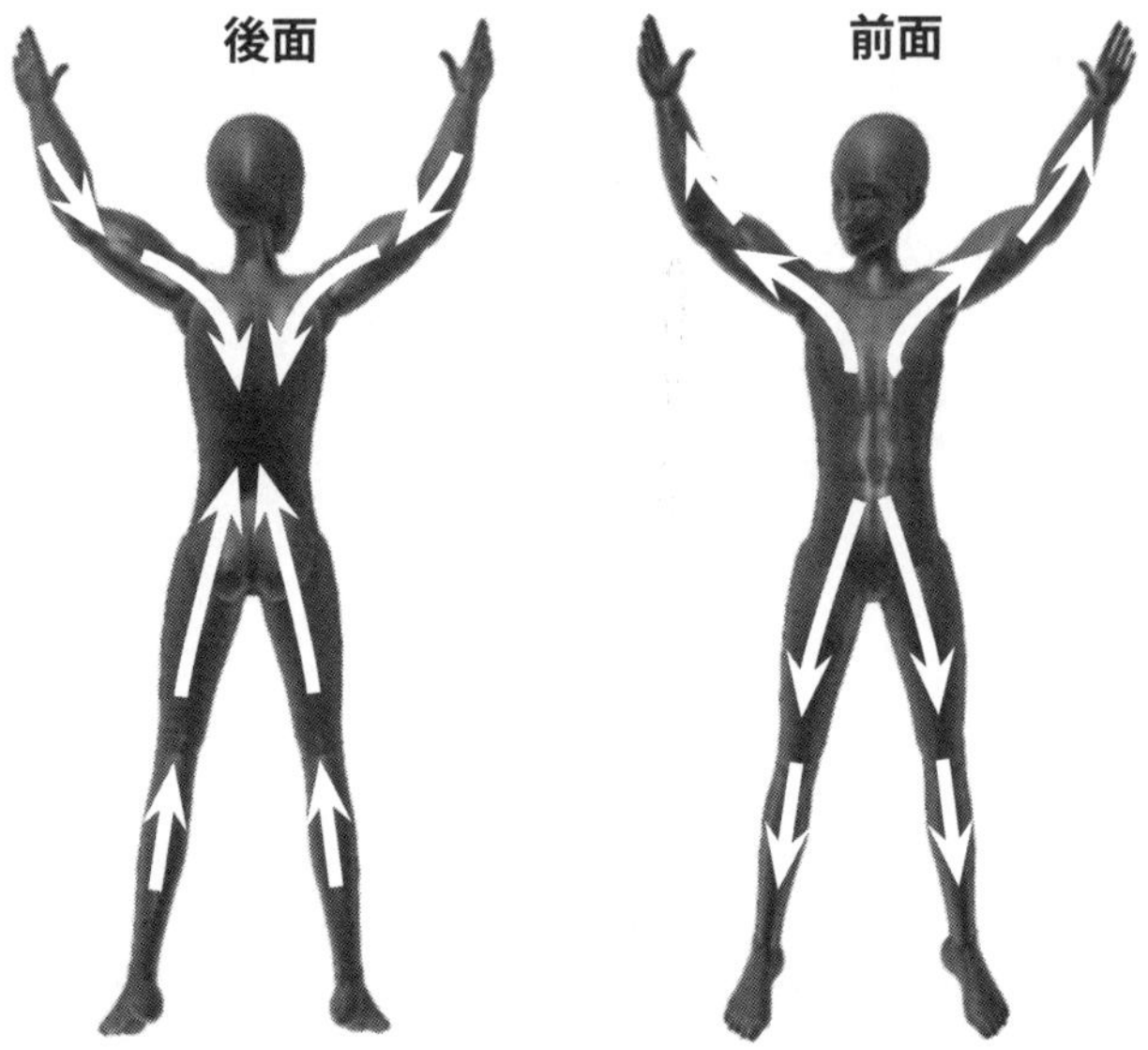

図の矢印がカラダの持つ〝方向性〟。刺激もこれに沿って行うと動きやすくなる。

方向に伸びやすく、下に向けて触れて動かすと可動域が向上する。歩く時は足指を着いて踵を上げるので脚の後ろの方向性は上に向かっている。前屈で皮膚を擦ってみると効果が分かります。背筋を伸ばす、あるいは深呼吸をする時には胸を開き肩甲骨を合わせます。上半身は胸の側の皮膚は上、背中は下に向けて擦ると可動域が向上します。腕は手のひら側（内側）は指先に向かって、手の甲側は体幹に向かって擦ると可動域が向上します。

スプーンも安価で効果が高い無意識を引き出す道具として使えます。最近は〝100均〟でも韓国料理で使う長い

“スプーン”で可動域向上

片手を上げてカラダを捻るストレッチ。スプーンで首筋や目の上に触れると、可動域が向上して捻りが自然に深くなる。

スプーンを売っていたりします。このスプーンは長いので色々な場所に触れやすいのです。なければカレー用のスプーンでも大丈夫。スプーンはビューティーローラーよりも扱いやすいので、より触れにくい部分にも触れることができます。

カラダを捻じって腕を上げる。鼻に触れても胸に触れても耳に触れてもスッと可動域が向上する。カラダを捻じって首筋に触れたり目の上に触れるとスッと可動域が向上する。五感を目覚めさせる運動のもう一つのやり方としてもスプーンは、尖ってる部分が少ないので安全で使いやすいです。

家にあるもの何でも触れるとカラダが変わり

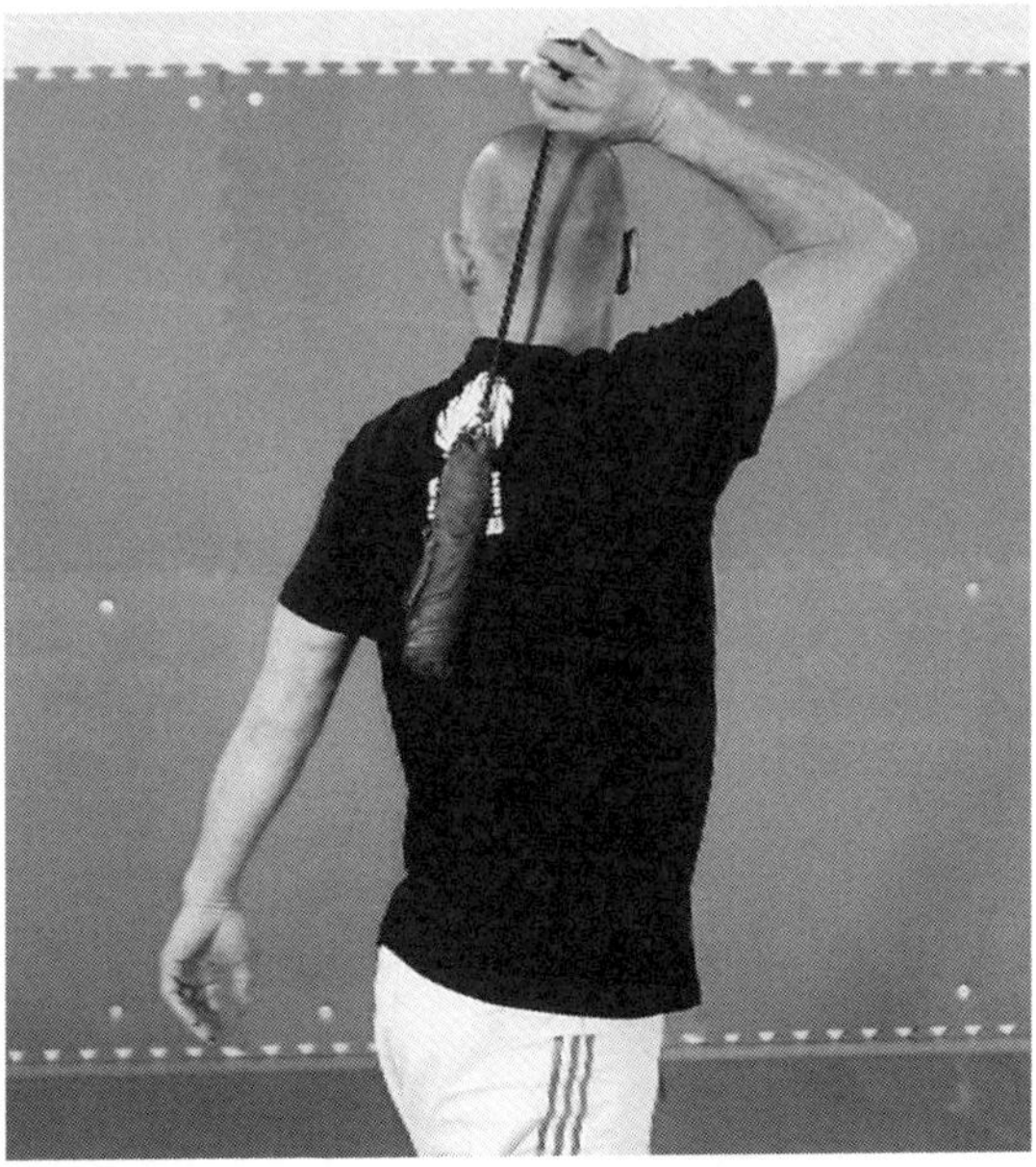

折り畳み傘は、自分では触れにくい所に触れられる利点もあり、身体刺激に役立つ。
逆に、自分のカラダのうちで随分自分で触れていないという部分はないだろうか？　あなたのカラダが眠っている原因はそれかもしれない。

ます。ハンガーや傘でも変わります。箸でも棒でも変わります。箸にも棒にも引っからないという言葉がありますが、箸でも棒でも何でもカラダを良くする道具になります。色々とやってみて使いやすいのがビューティーローラーとスプーンでした。色々と他のものを試してみるのも良いかと思います。

　折り畳みの傘もとても便利にカラダを良くしてくれます。ストレッチするようにカラダを伸ばしたら、首筋や脇腹などに触れる。皮膚に対する刺激で無意識に可動域が向上する。折り畳み傘は長さも変えられるので膝や太ももやふくらはぎ、背中などにも簡単に触れることができます。また長くしたり短くしたりと触れる場所によって変えることができるので色々な動作で色々な場所に触れることができるのです。

道具を使った運動を繰り返すと、単純なストレッチよりも短時間で効果的にカラダの凝り固まった部分が改善し可動域も向上します。その結果カラダ全体がしなやかに繋がり、未病が減少するるので、カラダ全体の健康度が高まります。

2 姿勢は頭に現れる

人工芝は下からの刺激で無意識の運動指令を発動してカラダを良くする。下があるんだから上もあるな？　ある日ピーンと閃きました。保冷剤を使って姿勢が良くなる運動が浮かんで来ました。

まずカラダを捻じる。そのままの状態で保冷剤（冷やしていない）を頭に乗せるとスッと可動範囲が大きくなるのです。前屈でも試してみました。頭の上から押し込むようにして乗せるとやっぱり動くのです。色々試してみると、首筋に当ててもスッと動きます。今度は開脚でやってみ

“保冷剤”で可動域向上

カラダを捩じる。その状態から保冷剤を頭頂部に乗せると、可動域が向上する。

開脚では頭頂部より首筋に当てると効果が大きい。

ました。頭でも反応しますが首筋の方がより動くようになりました。

立っている時には頭に乗せると反応が良いです。色々な体勢があるので、テコのかかる位置に置くと反応が良くなります。寝ている体勢の時にはおでこがよく効きます。

南の島の住人は頭に大きな籠を乗せてそこに荷物を入れて運びます。あれも暮らしの知恵なのでしょう。こういった暮らしを営む人たちは姿勢がよくカラダもスッとしています。意識しないでも頭の上に物を乗せると無意識に姿勢が良くなります。また無意識の運動指令は姿勢だけでなく、柔軟性や力も向上させます。２人で試してみるとすぐに分かります。

押し合う動作で検証してみて下さい。一人の頭の上に保冷剤を乗せると乗せた方の力が大きくなります。この時には増えた力を本人は感じていません。無意識の運動指令による向上は本人が気がつかない場所にやってくるのです。

色々とやっているとこんなことを想い始めました。侍の丁髷《ちょんまげ》ってファッションとしてやっていたのかな？　頭を剃って感度を高めて、丁髷を乗せると常に無意識の運動指令が働くことになる。昔の侍の写真を見たことが何度もあるが、みんなとても良い姿勢だ。体中に元気が漲っているような感じもする。丁髷をすると無意識にカラダが元気になって姿勢も良くなるんじゃないだろうか？　そんなことを想いました。

武術は無意識の持つ可能性を引き出す術。だったらその知恵を日常に活かす工夫をしていたんじゃないのだろうか？　最近はやらないが昔の日本人はお風呂に入る時に頭の上に手ぬぐいを乗せて湯船に浸かっていました。実験してみました。お風呂に入るとカラダが緩んでダラダラした感じになります。大きな湯船だったら、寝そべるような感じが楽です。ところが頭の上に濡らしたタオルを乗せて入ると自然に背筋が伸びていくのです。それでいて辛くないのです。頭にものを乗せると無意識に姿勢が良くなります。昔の日本人は今では忘れ去られた色々な事を知っていて、日常で当たり前のようにやっていたので、今よりもずっと元気で健康だったのだと思います。

頭の上に保冷剤を乗せるとカラダが変わる。やっているとこんなアイディアが出て来ました。本でもいいんじゃないのか？、と。

実は、身近にあるものを頭に乗せると、どんなものでも姿勢がよくなって動きが変わります。本は保冷剤よりも重いので刺激が大きく届くので効果が高くなります。あまり重いものだと危険なのである程度の重さで簡単にできるようになったら、足の着き方を変えると効果が高まります。

保冷材の代わりに本を乗せても高い効果が得られる。立つだけで身体覚醒を促すトレーニングになる。片足を浮かせるくらいの感じで、前足3：後ろ足7の体重配分で立ち、難なくできるようになったら片足で。頭頂部の刺激を感じながら行う。

足の着き方を変えてもカラダは無意識にバランスを整えるために奥からの動きが高まります。はじめは片方の足を軽く浮かせる感じで大体7対3位の体重の配分が良いと思います。これも簡単にできるようになったら片足を浮かせてやってみましょう。もちろん歩いたりするのも良い運動です。無理のない範囲で色々と試してみると良いと思う。保冷剤は柔らかくて形が変わるので、頭の上に乗せやすく初心者には使いやすい。本は重さがある分無意識に大きく働きかける。どちらにも利点があるので上手に使い分けると良いと思います。

また、保冷剤なので冷やしたらどうなるのか？　実際にやってみたら効果が高まりました。皮膚は外の世界の変化に敏感なので気温の変化にも敏感です。気温が変わると即体温を維持するための調節が無意識に始まります。そのため冷やすと反応が良くなるのでしょう。ただ寒い時期に頭を冷やすと風邪をひきやすくなるのでお勧めしません。寒い時期には温かいと良いかもしれません。またまた実験してみました。保冷剤を電子レンジに入れると壊れそうなので、湯煎で温めてみました。適度な温かさだとやはり反応が良くなります。暑い時期には適度に冷えた保冷剤、寒い時期には適度に温めた保冷剤。確かに気持ち良くカラダが動くし、ただ乗せるだけでも気持ちが良いのです。手間暇かけてするのが面倒でない人や、カラダが弱っている人などには適度な温度と時間（3分くらいで充分）であれば､気分もリラックスするので興味のある方はお試しを。

施術をしていると腰痛や肩こりでマッサージを受けても良くならないという方が来たりもします。そういった方の頭蓋骨に触れてみると周辺の筋肉が歪んでデコボコしていたりすることがあります。その場合、頭の歪みを取りながら、腰や肩までの途中の未病のルートを消していくと、腰や肩に触れる前に改善することが結構あります。頭の歪みは普段あまり気にしませんが、姿勢は頭に現れるので頭にものを乗せる運動は未病を治すという意味でも優れた運動です。

帽子のかぶり方で姿勢が変わる

帽子は頭部に直接刺激を与え、カラダ全体に影響を与えるアイテムだ。そのかぶり方で姿勢も変わってくる。

真っ直ぐかぶれば、カラダが大体真っすぐになる（写真1）。しかし電車の中など、こんな姿勢の人は多いもの（写真2）。それは帽子のかぶり方のせいかも。こんな姿勢を正すには、帽子の前を少し上げ目にかぶると、姿勢が起きるようになる（写真3）。

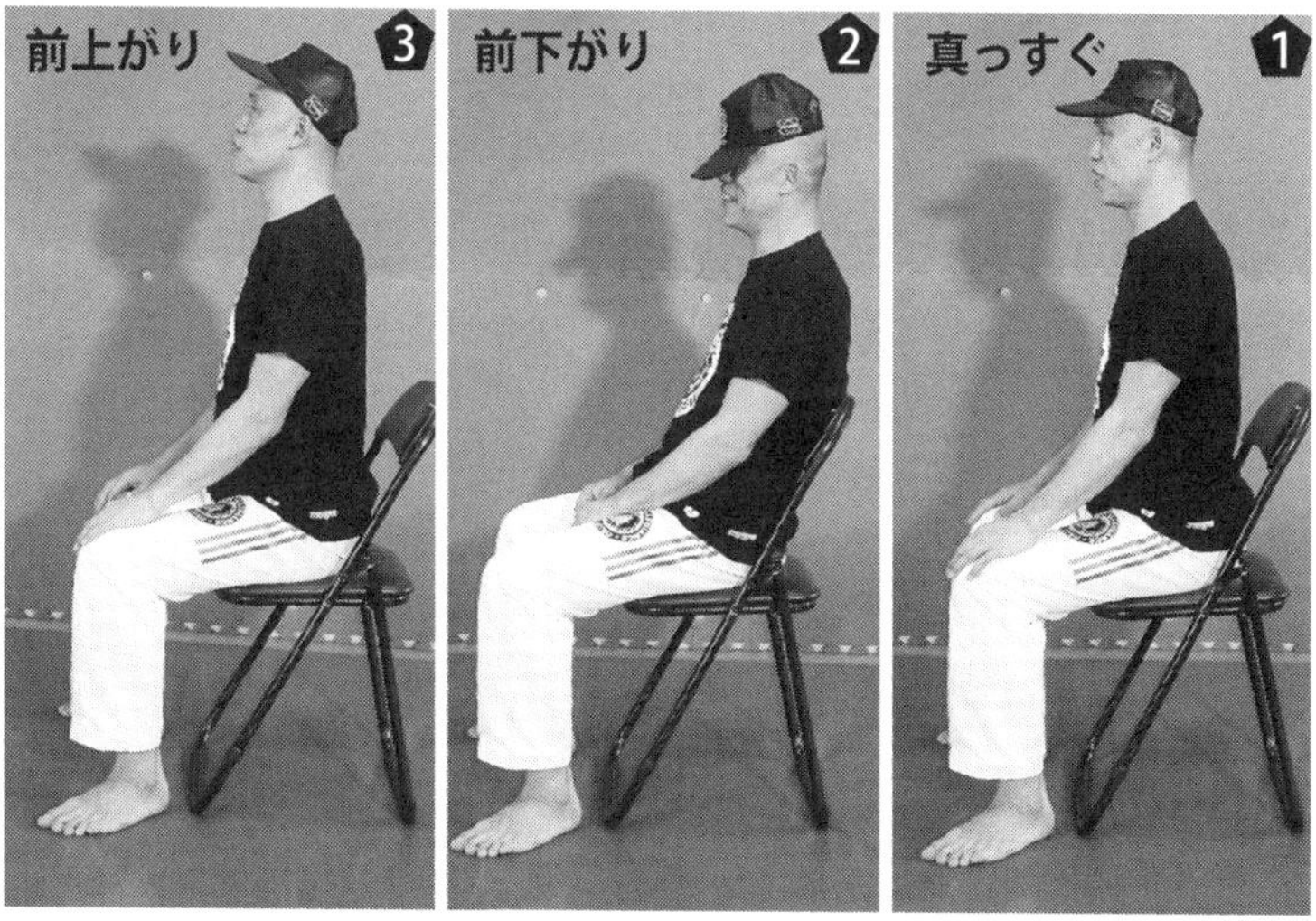

毎日色々とやっていると、パッと次の動きが出てくる。カラダが良くなると無意識に次の良いカラダに進もうとするのでしょう。頭の上に物を乗せると姿勢が良くなります。姿勢は頭の状態なのでもっと真っすぐにするには、頭の上に置いて次に後頭部にすっとあてるとさらに良くなります。この運動は慣れると手でも動くようになります。

帽子のかぶり方でも無意識に姿勢が変わります。帽子のサイズを変えられるものであれば少しきつめにして、真っすぐに被ると姿勢が良くなります。鉢巻と同じです。日本人は鉢巻で西洋人は帽子で無意識に姿勢を整えていたのかもしれません。テレビのドラマで見る明治や大正の時代の風景には男の人が帽子を被ったシーンがよく出てきます。あれはもしかしたら、丁髷をなくした人たちが違和感を消すために被っていたのかもしれません。

帽子は被り方で姿勢を無意識に変えます。電車などで座るとどうしても背筋がだらしなくなってしまいます。帽子を少し上に被ると無意識に姿勢が良くなります。

帽子を被って人工芝に乗るだけで、運動の効果が高まります。散歩する時などに帽子を真っすぐにして被って歩くと無意識に姿勢が整っていきます。

第6章

馬に乗って地球の力を借りる

1 モンゴルでの初乗馬

２０１８年８月　モンゴルにレフェリーの仕事で行きました。モンゴルに出発するホンの数時間前に「巌流島」という格闘技のイベントから電話がありました。翌月の興行でエキシビジョンマッチをやらないか？そういった依頼でした。相手は菊野選手という巌流島のエース。当時の僕は54歳。「巌流島」の審判部長でした。プロの格闘技団体のエースと審判部長が接するのは選手とレフェリーとしての関係だけで、お互いに闘うことなど聞いたことはありません。引退して16年が経っているので初めはお断りしたのですが、せっかくの機会なのでお受けすることにしました。何しろ数時間ズレていれば飛行機に乗ってモンゴルに行っているので連絡が暫くつかなくなる。そうなれば他の人に依頼をしていたかもしれない。これもご縁だからやってみよう。そんな風に思ったのです。

とはいえ、受けてからすぐに緊張が始まりました。依頼を受けてモンゴルに向かう飛行機でも、試合に向かう選手たちと一緒に緊張していました。引退して16年が経っているので、多分現役の選手以上にだったかもしれません。モンゴルにはレフェリーで行ったのですが、選手のように練習しました。モンゴルに行ったのもご縁、そのタイミングでエキシビジョンの依頼があったのも

モンゴルにて

ご縁。ご縁が重なると想像を超えたことが起きたりするものです。

興行が終わって日本チームにモンゴルの田舎を見せたいと招待して頂き、そこで生まれて初めて馬に乗りました。モンゴルの田舎は雄大です。地平線まで草原が広がっていて、空も繋がっています。広大な草原に風が吹くと、草原が海の波のように動きます。広大な景色は、大地の端から端まで空気が流れるのが見えるような感じでした。

モンゴルで乗せてもらった馬には鞍はついておらず、毛布を乗せただけでした。モンゴルの草原でビクトル古賀先生に馬に関する色々聞かせて頂いた話を思い出しました。「巌流島」に出場する緊張感が古賀先生の記憶を引き出してくれたのかもしれません。俺の技は騎馬民族の技だよ。古賀先生がそんな話を聞かせてくれたことがあります。人は体験したことのない話は理解したようで、実は全く理解できていません。そんなことがこの時に分かりました。

モンゴルの草原で乗った馬は思いの他に、優しく乗せてくれました。暫く乗っていると不思議な感じがしてきました。毛布を通じて馬の動きが伝わってくるのを感じるようになったのです。モンゴルで乗った馬はサラブレッドではなく小さな馬。日本の昔の馬も同じように小さかったと聞いたことがあります。馬のサイズが小さいので馬の背骨と自分の骨盤が重なるようにピッタリと合う。ピッタリと重なり合った、お互いの骨を通じて馬の動きが伝わってくる。

見渡す限りの草原の景色、遠くまで広がる青い空。草原の匂いや風の匂いも感じる。緊張すると人は五感を総動員するのかもしれません。モンゴルの草原はむき出しの自然。そこで五感を感じながら馬に乗っていると、馬の動きが伝わってきます。草原でも結構デコボコしていて起伏もあります。馬が動くたびに地表の変化を感じて、馬の動きが骨を通じて伝わってきます。骨の動きに合わせて筋肉が動く。あの時には気がつかなかった。馬に乗り続けるには馬の動きに合わせた筋肉の動きが必要になる。馬に乗るということは無意識に馬の強靭でしなやかな動きを分けてもらうようなものだったのです。騎馬民族の強さの秘密の一つは日常で馬に乗ることにあるのでしょう。いくら話を聞いても分からないことが、たった一回の経験で理解できることもあります。

空手には騎馬立ちという立ち方が、中国武術には馬歩という立ち方があります。どちらも馬に乗ったような形で立ちます。内部の動きに秘密があるそうです。銃器が生まれる前の戦は馬に乗って槍や刀を持って戦っていました。そのために行う訓練はむき出しの大地で馬に乗って行っていたのでしょう。ただ馬に乗るだけでなく、片手で刀や槍を持って走る馬の上で戦う。想像もできない強靭な肉体だったはずです。その肉体の秘密は、正に地球の力を借りて、馬の強靭な力を分けてもらっていたのです。その肉体を持って生み出した知恵が、武術の知恵です。だから騎馬立ちという名称で呼んだのでしょう。

2 帰国して繋がるご縁

モンゴルから帰国すると、「巌流島」でのエキシビジョンマッチが結構話題になっていました。ご縁とは不思議なタイミングでやってきます。ご縁は時代に合わせて、一番良い形でやってきます。ＳＮＳでモンゴルでの馬の体験と「巌流島」に関して書いたら。乗馬クラブの社長さんからメッセージが届きました。社長さんはセミナーなどでお会いしたことがある方で職業はよく知りませんでした。時代のご縁でSNSが運んでくれました。社長さんから、うちの乗馬クラブに乗りに来ませんか？とSNSでお誘いを受けました。乗馬クラブはかなり遠い場所にあります。往復で6時間と少し。飛行機でモンゴルに着くくらい時間がかかります。こんな時には断らないようにしています。ご縁は突然やってくる。突然の方が意味があります。思ってもみないことの方にこそ真実があります。武術の稽古は日常を変えます。

それ程よく知らなかった乗馬クラブの社長さんの経歴は、なんとスタントマンで、業界で結構有名な方でした。時代劇で馬の乗り方を教えたりしていて。武術や乗馬、特に侍の時代の乗馬に豊富な知識があります。行く前にモンゴルでの経験と武術の話をSNSでやり取りして知らなかったことを色々と教えて頂きました。

乗馬クラブにはやり取りをした翌日に行きました。ご縁は冷めないうちに繋ぐ方が良い。乗馬クラブに行くと、社長さんはいませんでした（笑）。多忙なのでいきなり翌日のスケジュールは空けられないのです。

乗馬クラブのスタッフが駅まで車で迎えに来てくれて、色々話をしながら向かいました。スタッフの方もスタントマンで、武術や時代劇の乗馬に詳しいので話が弾みました。話をしながら車が山道に入り、道路の舗装はなくなって、建物も消えました。人も歩いていない山道、周りには木しか見えない。木々は生い茂り空もあまり見えない山道。物音がしない山道を車の進む音だけがする。別の世界に来たような感じ。この時期は暑いんであまりお客さんが来ないそうで。乗馬クラブではスタッフの皆さんから丁寧に教えて頂きました。

初めに馬の乗り方を教わりました。モンゴルではほとんど教わらないで乗りました（笑）。乗馬クラブの馬はサラブレッドです。モンゴルの馬よりもずっと大きい。鞍《くら》も着いています。乗ってみるとモンゴルの馬よりも大分高く感じて結構緊張します。初めに手綱の持ち方、馬にスタートを出すやり方。止まり方。スピードの上げ方。真っすぐ進む時、曲がる時など色々な手綱の扱い方を教わりました。馬に乗ったまま教わりました。この時点で結構疲れています。サラブレッドは背が高いので、結構緊張します。そして意外だったのが、鞍に座った方が疲れるのです。段々お尻が痛くなってきました。

説明が終わったら乗馬開始です。初めはゆっくりと歩く。少し乗ったら曲がり方です。モンゴルでの出来事を思い出しました。モンゴルで急に馬が暴れ出した時の記憶を。暴れる馬が近くにいるのは初めてで、かなり焦りました。お爺さんがすっと馬の手綱を持って引っ張ってくれました。その時、馬が一瞬で動けなくなったのです。鼻息も荒く暴れ出した馬は、一瞬でスイッチが切れたように大人しくなりました。力ではできない馬の扱い方です。モンゴルの騎馬民族の知恵を感じました。そのお爺さんはとてもがっしりとした体格をしていました。

モンゴルでの興行は、シュートボクシングのモンゴル対日本の対抗戦でした。結果はモンゴルが全勝で内容も圧勝でした。日本人の方がどう見てもテクニックは上手でスマートに闘う。モンゴルの選手は上手には見えない。それどころか、日本のアマチュア選手より下手に見える選手もいた。ところが試合が始まると、圧倒的な差がありました。カラダその物が違う感じで、圧倒的なパワーで、日本人選手は何もできない。ところが暴れる馬をあっという間に押さえつけたお爺さんの方が、選手たちよりも圧倒的に分厚い逞しいカラダをしていたので驚いたのです。

お爺さんは格闘技どころか何の運動もしていない、ただのモンゴルの田舎のお爺さんです。ただ一つ違うのは日常を馬と一緒に生活していることだけです。子供の頃から馬と暮らし、お爺さんは自転車のような感じで日常の移動も馬に乗っているそうです。

乗馬クラブで馬に乗った時に、一瞬で馬を押さえつけたお爺さんの動きが目の前に出てきました。出て来た映像はお爺さんが暴れる馬の手綱を引いて、一瞬で馬のカラダ全体を骨ごと関節技の要領で極めた映像です。そうかこれが古賀先生が言っていた騎馬民族の知恵なのか。俺の関節技の秘密は騎馬民族の暮らしにあるんだ。古賀先生が聞かせてくれて分かったようで分からなかった一言だ。そうかこうやって骨ごと極めるんだ。だから古賀先生は世界一になったんだ。古賀先生はサンボの世界一。サンボはロシアの国技だ。ロシア人は圧倒的なパワーを誇る。ところが古賀先生は〝俺は力は使ったことないよ〟。ニコニコした笑顔で教えてくれた。その秘密がこれなんだ、秘密は骨にあったんだ。モンゴルでそんな風に思った強烈な記憶が蘇りました。

お爺さんは手綱一本で暴れる馬の全身を極める。馬は頭に付いた手綱を引かれただけで、背骨まで動けなくなってしまい、それからすぐに４本の脚も動けなくなった。暴れ馬を制するには筋肉を押さえても無理だ。頭の手綱を上手く引いて、テコの原理で頭蓋骨から背骨と骨格全体を繋げて極める。そうするとまるでスイッチが切れたように、暴れ馬が一瞬で動けなくなる。

これは武術の原理と同じです。骨を極めれば体格差は関係ない、そう教えて頂きました。約束組手以外で見たことがなかった武術の技。人間ではないが、暴れる馬は人間よりやっかいです。すぐ近くで馬を極めたのを見ました。この光景は貴重な経験として記憶の中に入っています。

記憶の中の映像を引き出しながらやってみます。手綱を使って頭蓋骨から背骨に繋がるように扱う。慎重におそるおそる馬の感触を確かめながら手綱を動かす。馬に乗りながら自分のバランスを

乗馬クラブにて

取って、馬を手綱で操る。これは結構難しい。

モンゴルのお爺さんの動きを思い出しながら続けました。段々と要領が分かってきました。手綱で全身に繋げるには、自分も全身を繋げて動くと上手くできます。手綱を介して馬と繋がる。鞍をテコにして腰を利かせながら動く。腰をさらに安定させるには自然に膝が締まるように足を使う。馬に負担をかけないように力加減に注意しながら。要領が分かってくると、馬は僕に合わせて動いてくれるようになっていました。


練習を見ていたスタッフがやってきました。

「それじゃ鞍を外しましょう。」「社長からそう言われています。」「普通は絶対駄目なんですが。」「社長は大丈夫だからと言っていましたよ。」スタッフが笑顔で教えてくれました。社長は色々と考えてスタッフに指示をしてくれたのでしょう。このご縁で色々なことが理解できました。最後は早駆けまでやってこの日の乗馬練習は終わりました。この時は馬に乗るの結構上手だなとか思ったりしたものです。

3 馬の力が骨を通じて無意識に筋肉を変える

時間が経つとこんなことが分かってきました。モンゴルで馬に乗った時の感覚は、骨と骨の接触が充分だったからこそ起きたんだと。日本で乗ったサラブレッドは大きく、背骨と骨盤の関係がピッタリとこないので、小さい馬に乗ったモンゴルで感じた感覚が少なくなった。そして鞍を間に入れると骨の接触が消えるので、感覚はもっと減って、もっと乗りにくくなったのだと。鞍をつけた方がお尻が痛くなったのはそのためだと考えられます。

筋肉の同調の鍵は骨格にあります。骨が奥から動くとカラダは性能を高めた筋肉の動きを無意識に行います。暴れ馬を制した筋力を超えたような動きの時には、馬の骨の動きを制したからできました。筋肉だけの力では暴れ馬は抑えきれません。馬を抑えるには自分も骨から動くような、奥からの動きができなければ不可能です。モンゴルのお爺さんは普段から馬に乗って生活をしているから、馬の骨格に合わせたような動きが当たり前のようにできます。馬の骨格に合わせたような動きを、骨格からできれば素晴らしく強靭な肉体になります。広大な草原で裸馬に乗った暮らしをしているだけのお爺さんの驚異的なカラダの秘密がこれだ。騎馬民族の秘密の一端なのだろう。

頭で分かっていても、実際に経験すると理解が深まります。

ご縁の中でやってきたことが段々繋がってきました。自然の中で暮らせば人は無意識に頭のてっぺんから、手足の指先まで地球に触れて最適な生命活動をいつもしています。その時に重要なのは筋肉ではなく骨格です。鞍をつけた馬よりも裸馬の方がカラダが無意識によく動くのは、馬の背骨の動きが骨格に伝わるからです。骨がよく動かないとカラダは動きません。これが武術の口伝です。

モンゴルで見た暴れ馬を一瞬で制圧したお爺さんの動きは武術の達人そのものでした。騎馬民族の伝統を受け継いでいるから暴れ馬を簡単に制することができる。そして暮らしている場所も昔とさほど変わらないモンゴルの雄大な草原。きっとここにも秘密があります。モンゴルのお爺さんは健康そのものでした。言葉が通じないのに、目が合うとにっこりとほほ笑んでくれる。カラダに余裕があると心にも余裕ができるのでしょう。日本から考えれば不便にしか思えないモンゴルの田舎で、お爺さんは楽しそうに暮らしていました。モンゴルの都会は日本とほとんど変わらない。草原の中の田舎はまるで別世界のようでした。

モンゴルの草原では出会った人には必要なものを無償で与えるそうです。何もない草原で水や食料がなくなると命に関わるからです。損得抜きの関係が今でも残っていて、田舎で招待してもらったパーティーはとても楽しい時間でした。そこには今でもガスも水道もない。日本の常識から考えると貧しそうにも思える日常、そこで暮らす人々はとても楽しそうに元気に暮らしを営んでいました。病の原因のほとんどは人が作っているのかもしれません。なぜなら野生動物は人ほど病に悩んだりしないのですから。

モンゴルに行った時に都会でこんな話を聞きました。モンゴル人は昔は長生きだった。でも今はそうでもなくなったと。モンゴルの冬はマイナス30度です。昔は大した暖房もなく暮らしていました。快適なエアコンがある現代の方が短命とは不思議です。

モンゴルでの経験が時間という熟成を経て色々なことを教えてくれました。皮膚からの刺激でも人のカラダは無意識の運動指令を発動してカラダの動きを奥から変えます。ところが骨への刺激の方が圧倒的に無意識の運動指令に対する反応が大きい。暴れ馬を制した動きは皮膚ではなく骨。皮膚で同じことはできないだろうと想像できます。皮膚は優しい刺激なのかもしれません。皮膚を優しくなでると馬は落ち着いてくれる。ところが暴れ出した馬の皮膚を優しくなでても効きません。皮膚は優しく触れると効果が高い。カラダが弱っていたりする時には優しく皮膚を使った無意識の運動指令を使うと効果が高まります。これは無意識の運動指令がなかなか通じない程に歪み、バランスが崩れたカラダを自分で改善する時も同様です。とてもカラダが固かったり動きが良くないならはじめは皮膚の刺激から始めると良いと思います。そして段々とカラダが良くなってきたら、皮膚から骨格の動きに変えてゆくとカラダはもっともっと良くなっていきます。

第7章

グレイシー柔術に隠された秘密

1 恐怖に怯えた日々　そして希望へと

突然始まった人生で一番怖かった時間。その日から恐怖が抜けなくなりました。怖くてしようがなかった日々は1年半続きました。過去は未来によって変わります。過去の出来事、いま現在の出来事は未来から見ればただのきっかけに過ぎないことを僕は知っています。一番怖かった経験が、素晴らしい未来へと導いてくれたのだから。未来を作るのは自分一人の力ではないのかもしれない。人にはご縁がある。ご縁が人生を豊かにしてくれる。

１９９３年格闘技界に激震が走りました。その年アメリカでＵＦＣという格闘技団体が旗揚げしました。ＵＦＣとはThe Ultimate Fighting Championshipの略。究極の闘いという意味になります。禁止技は噛みつきと目潰しのみ。金的攻撃も認めるというとんでもないルール。闘い方は何でもよい。試合時間は無制限。判定はない。どちらかがまいったをするか（タップ）失神するか（ＫＯ）それまで試合は続く。体重も無差別。何キロの体重差があろうとも試合は公式に行われる。正に究極の闘いが１９９３年に始まりました。

１９９３年以前の格闘技はパンチやキックなどを駆使して闘うボクシングや空手などの打撃系。投げや関節技などを駆使して闘う柔道やレスリングなどの組技系。この2つに分かれていました。これが１９９３年以前の格闘技の常識。正に常識を覆した格闘技が突如出現しました。格闘技では選手の安全を守るためにルールで危険な技は禁止しています。この常識の中で選手たちはカラダを鍛え技を磨き試合をしていました。１９９３年、この常識が破壊されました。ノールールの格闘技は全ての格闘家には想定外でした。

１９９３年から少し遡る頃、日本では総合格闘技という新しい格闘技が注目を集めつつありました、打撃と組技の両方を使うことが認められた新しい格闘技。ルールも整備されつつありました。危険なので寝技（寝ている状態）では打撃は禁止され関節技と絞め技のみがルールで認められていました。打撃は立っている時だけ有効。寝て押さえつけての打撃は危険なので禁止というのが日本の総合格闘技の常識でした。

当時僕は日本の総合格闘技のプロ選手でした。ＵＦＣと同じ年に旗揚げした旧Ｋ－１の旗揚げ大会で僕は総合格闘技のエキシビジョンマッチを行いました。のちに国民的な注目を集めることになる旧Ｋ－１の旗揚げ戦。全て打撃の試合の中で総合のエキシビジョンマッチが1つだけ組まれました。その頃僕は結構期待された選手でした。

1994年3月　もっとも凄惨な試合が続出したと言われるUFCの第2回大会がアメリカデンバーで行われました。この日オクタゴンの中で行われた試合は凄惨を極めました。オクタゴンで失神した選手を押さえつけて、肘打ちが打ち続けられ、失神した選手の頭がマットと肘の間で揺れる。馬乗りになって押さえつけて頭に肘を打ち降ろし続ける。失神した選手の頭がバウンドする。そういった試合が続出しました。

現在のUFCはルールが整備され、階級制となり、判定もあります。そしてオープンフィンガーグローブという、掴めるグローブも手に付けて試合をします。当時は素手でした。素手で倒れた失神した相手も殴り続ける。試合が終わるまで。

第1回大会はそれ程凄惨な試合ではありませんでした。出場した選手はみんな恐怖心もあって、どこまでやっていいのか?様子見をしている感じのどちらかといえばつまらない試合ばかり。だからなのか、それ程危険な試合もありませんでした。だから第2回大会がそんな危険な大会になるなんて想像さえもしませんでした。友人が出場することもあり、アメリカに観光も兼ねて試合を見に行くような気軽な感じでＵＦＣの第2回大会を見に行きました。

第1回大会は様子見のような感じだったのでしょう。第1回の大会を見て俺ならもっとできるという選手が出場してきました。危険な技をあらかじめ使うつもりの選手が集まって来たのです。第2回大会ではどこまでもやって良い、やらなければ自分がやられる。そんな雰囲気が会場を包み込みました。オクタゴンの中では狂気に満ちた試合が続きました。

試合を見ていて怖くてしようがなかった。選手がやられるのを見て怖かった訳じゃない。選手に自分を重ねて見ていたからどんどん怖くなった。当時の僕は結構な注目をされているプロの総合格闘家でした。この大会を見に来たことは格闘技雑誌とかに掲載される。そして関係者やファンは思う。平ならどうやって闘うんだろう？いつ出るのかな？

今の状態で試合をやっても勝てない。オクタゴンの前ですぐに分かりました。オクタゴンの中で悲惨な目に遭った選手は、無差別級の中では小さい部類に入る選手。僕の体重は80キロくらい。やられた選手たちと同じような体格でした。勝てる要素が少ない。いくらテクニックがあっても体重差は大きい。だから格闘技は体重を合わせて試合をする。このまま試合に出たら、失神しても攻撃を受け続ける選手と同じ目に合う。そう思いました。あの日恐怖がカラダ中に浸み込んだ。

あの日すっと別の世界に行ったような気がしました。心身ともに疲弊するのを本当に感じました、人生で一番怖くて辛かった時期が、この日から始まりました。あの日僕は何かの流れに飲み込まれました。

オクタゴンの中で繰り広げられた、凄惨な試合。その中で平然と勝ち続け第1回第2回とトーナメントで無傷で優勝した選手がいました。その選手の名はホイス・グレイシー。ホイスは筋肉隆々といったカラダではありません。ホイスは普通の人に近い体格でした。ホイスが使う格闘技はグレイシー柔術という。ホイスはブラジル人。なぜブラジル人なのに柔術なんだろう？　世界中の格闘技関係者や選手がホイス・グレイシーに、彼の使うグレイシー柔術に注目しました。当時のグレイシー柔術は本当に未知の格闘技でした。

恐怖心を消すには、グレイシー柔術を身につける以外にない。ある日そう思いました。

グレイシー柔術を学ぶためにロサンゼルスとハワイのグレイシー柔術のアカデミーに行き、どちらでも断られました。理由は将来闘う可能性があるプロの格闘家には教えることはできない、でした。僕は途方に暮れて、それまでよりも、もっと恐怖心が大きくなって辛い日々を過ごしました。心の辛さを人生で初めて味わった日々。恐怖に脅かされる時間は1年以上続きました。

カーリー・グレイシーと。

1995年2月、アメリカサンフランシスコに僕はいました。飲み込まれた流れは意外な場所にたどり着くことになります。サンフランシスコはカーリー・グレイシーがアカデミーをやっている場所。初めて会った時から信用できる気がしたカーリーの笑顔。カーリーはつきっきりで僕にグレイシー柔術を教えてくれました。サンフランシスコで人生が変わるような体験をしました。カーリーにグレイシー柔術を教わるごとに心が晴れていきました。あれだけ怖かったのに、カーリーと練習するたびに、どんどん恐怖心が消えて行きました。もっとも格闘技は試合があれば必ず恐怖心が出てきます。ただ異常な恐怖心は消えました。得体の知れない恐怖に蝕まれたような心とカラダが溶けていくようになるのを体験しました。グレイシー柔術のトレーニングが、心を晴らすことに一役買っていたことをそれからずっと先に知ることになります。

その年の9月、日本で素手の〝何でもあり〟の試合をやって勝ちました。1年半かけて克服した、新しい格闘技〝何でもあり〟の恐怖を乗り越えた勝利でした。飲み込まれたと思った流れは、いつの間にか素晴らしき流れに変わりました。グレイシー柔術は僕の希望になり、人生となりました。その後も何度もアメリカに通いカーリーからグレイシー柔術を学びました。

グレイシー一族の秘密は格闘技だけではありません。グレイシーダイエットという独自の食事法があります。日本でダイエットというとやせるためのものというイメージがありますが、英語でダイエットは食事法の意味になります。グレイシーダイエットはグレイシー一族の食事法。人は色々なものからエネルギーをもらう。その中でも食事からもらうエネルギーは大きい。

サンフランシスコではずっとカーリーと一緒に食事をして同じものを食べました。グレイシーダイエットはブラジルの風土に合わせてあります。ここカリフォルニアも温暖で良い気候だから食べ物は似ています。日本は違うだろ。だから一緒にグレイシーダイエットを食べて、グレイシー柔術をやるんだ。日本でグレイシーダイエットをやってもあまり意味がない。日本の気候と食べ物で、日本のグレイシーダイエットを作るんだ。そのために必要なのは、ここでの組み合わせを覚えることじゃない。グレイシーダイエットをやるとカラダがどうなるのか？　グレイシーダイエットをやるとカラダが良くなる。その時のフィーリングを覚えるんだ。同じフィーリングになる食べ方を日本で、日本の食べ物で見つけるんだ。そのためにずっとカーリーの家で一緒に食事をしました。

グレイシーダイエットとは食べ合わせに関する食事法。炭水化物コメとパンとポテト。これは一緒に食べてはいけない。酸っぱい食べ物オレンジやマンゴーなどは他の食べ物と一緒に食べてはいけない。など食事の組み合わせが色々とある。食事とは単なる食物の栄養素やカロリーとは別の働きがあることが段々分かってきている。

牛は草を食べる。草しか食べない牛は筋肉隆々になり、牛の肉や牛乳は豊かなたんぱく質を含む。草にはたんぱく質の元はほとんどない。栄養学的には理屈が合わない。牛は４つの胃袋を持ち、消化の過程で胃袋の中の微生物との関係によって草が変化して豊かなアミノ酸に変わる。4つの胃で消化された草は最終的に豊かな栄養を持つ草となって牛のカラダを作り出している。牛の消化器官には草が最適な食べ物。他の動物には向かない。牛が暮らす場所には草が豊かに生えている。

南半球の人は筋肉隆々だったりする。主食はタロイモだったりする。タロイモも栄養学的にはたんぱく質は豊かではない。タロイモも消化の過程で豊かなアミノ酸を含む別の食物に変化していることが分かってきた。変化する時に必要なのは微生物や酵素の力。だから土地の食材と土地の空気に存在する微生物の関係も未知の分野なだけで実際には食べて消化する時に大きな役割を担う。グレイシーダイエットはその辺りを研究した食事法です。

人は自然から力をもらいます。中でも食べ物は直接的にカラダを作りエネルギーの元になります。自然の組み合わせには意味があります。森でも草原でも海の中でさえ、生命はそれぞれの場所でお互いに活かし合いながら生きている。好き勝手にお互いの領域には決して入らない。その領域の関係を食事法としてまとめたのがグレイシーダイエットになります。

サンフランシスコでカーリーが言いました。グレイシー柔術は日本人から教わった。そのお陰で強くなって、グレイシー柔術ができた。今の日本にはない柔術をグレイシーファミリーは持っている。だからそれを平に教える。平が日本にグレイシー柔術を持ち帰ったら良いと。その言葉の通り、僕は１９９６年日本初のグレイシー柔術のアカデミーをオープンしました。

当時は日本とアメリカを往復してグレイシー柔術を学びながら教えていました。その頃日本ではアンディ・フグと一緒にチームアンディのメンバーとして練習をしていて、格闘家として凄く贅沢な時間を過ごしていました。グレイシー柔術は空手の正道会館で柔術クラスとして始めました。カーリー・グレイシーとのご縁も正道会館の館長であり旧Ｋ－１を率いた石井館長の導きでした。石井館長とは空手の全日本大会に出た頃からのご縁。ご縁は繋がり素晴らしきものを人生に運んでくれます。

２００１年に正道会館から独立してストライプルとなりました。ストライプルとはストライクとグラップル。打撃と組技を合わせた言葉。作家の夢枕獏さんが考えてくれた名前。

独立する少し前にカーリーに会いに行きました。それから忙しくなってなかなか会いに行けないまま20年が過ぎました。その間に柳生心眼流柔術と出会い、10年と少し稽古を続けてきました。柳生心眼流は日本最強の打撃を持つ柔術とも呼ばれる。いつの間にか２つの柔術が繋がっていました。これもまた素晴らしきありがたいご縁。

2020年1月、サンディエゴに僕はいました。サンディエゴにはカーリーの長男のクラーク・グレイシーがアカデミーを開いています。前の年2019年に日本で開催されたブラジリアン柔術のアジアオープンにクラークが出場。その時日本に来るならと、自宅に泊まってもらうことにしました。20年前のクラークは15歳、まだ高校生。再会したクラークは35歳、初めてカーリーのアカデミーで練習した時の僕よりも年上になっていました。20年の間にクラークは柔術の世界王者になって。日本で行われたアジアオープンでもクラークは全試合一本勝ちで優勝しました。日本で一緒に練習していろんな話をして、やわらぎの話や日本の柔術柳生心眼流柔術の話もしました。クラークは興味深く聞いてくれて、一緒にセミナーツアーやろう。これはビジネスとして大きなチャンスがある。そう言ってくれました。グレイシー柔術と日本の柔術の活法を一緒にセミナーで教える。確かに需要がありそうだ。話が弾んで翌年サンディエゴで再会してもっと話をしようとなりました。サンディエゴにはサンフランシスコからカーリーも来てくれるという。

1月のサンディエゴは暖かい。空港を出ると日本では考えられないポカポカした太陽が出迎えてくれました。初めてのサンフランシスコも2月でした。空港を出た時のカリフォルニアの青い空と暖かい太陽が時を経てサンディエゴで重なりました。

2 ●グレイシー柔術の秘密

初めてのサンフランシスコでの練習の最後の日にカーリーが言いました。もしも日本で何か困ったことがあったら、すぐにここに来るんだ。サンフランシスコに家を二軒持ってるから、そこに住めばいい。平の空手とグレイシー柔術を一緒に教えたらいっぱい生徒が集まる。困らなくても来ていいぞ。カーリーは少し照れたような笑顔で、そして真剣なまなざしで僕に言いました。平はファミリーなんだ。

最後の練習が終わってアカデミーの外でカーリーが言った言葉。サンフランシスコは坂の街。アカデミーの前の坂道の下の方には海が見えて、海の上には大きな空が広がって、海と空を太陽が鮮やかに照らしていました。あの日のことを僕は忘れないでしょう。

カーリーは家族に話すようなことを僕に聞かせてくれました。いわゆる身内の秘密みたいなグレイシー一族の話も聞かせてくれました。時間が経つにつれてその話が繋がってきました。

20年前、サンフランシスコからブラジルにカーリーと行きました。高校生になったクラークがブラジルで柔術修行しているから一緒に行こうとサンフランシスコで急遽決まったのです。クラークが柔術修行をしているのはリオデジャネイロから車で数時間かかる、テラズアポレスという山の中間にある街。この街はグレイシー柔術が始まった街。

テラズアポレスに向かう途中でカーリーが近くにブラジルの家があるから行ってみようと言いました。サンフランシスコに家が二軒。ブラジルにも家があるのか？凄いなとか思いながら、一緒にドライブしました。

ブラジルの広大な自然の景色が段々と大きくなる。コンクリートの灰色から豊かな緑に変わってゆく。車が進む度に空も空気も綺麗になっていく感じがする。圧倒的な大自然の景色に見とれていると、カーリーがここが家だよ、そう言いました。ここが家だと言われても車の窓から見える景色は緑しか見えない。広大な緑の向こうには山がある。ここのどこに家があるんだろう？車の窓から探してみた。緑しか見えない。

ここから山まで全部が家さ。見渡す限り緑の広大な大地。そこが全部カーリー所有の土地だといいます。ここで農業をやらせているんだ。カーリーが話しながら車は緑の広大な大地に入っていきます。しばらくすると、家がありました。家の門のところに大きな樹が2本。大きな樹には沢山の果物が実っていました。アボカドでした。何百個ものアボカドが大きな樹の枝に実っているのを初めて見ました。広大なブラジルの自然を感じながら、カーリーが教えてくれた、グレイシー柔術の始まりの話を思い出しました。

グレイシー柔術の始まりは日本の柔道家前田光世先生がブラジルで生活に困窮し、困り果てていたのを地元の名士ガスタオン・グレイシーが援助し救ったことに始まるといいます。前田光世は講道館の柔道家でした。ガスタオン・グレイシーはカーリーの祖父にあたります。ガスタオンは政財界にまで顔が利く有能なビジネスマン。ガスタオンの恩義に返すだけのものを持たなかった前田光世はその時に自分が持っていた最高のものである柔術をガスタオンの息子であるカーロス・グレイシーに伝えました。これがグレイシー柔術の始まり。

一体なぜ柔道ではなく柔術を教えたのだろう？　ここにもグレイシー柔術を紐解く謎が隠されています。

カーロスは柔術を熱心に学び大好きになったそうです。やがてカーロスは一生を柔術に捧げることを決めました。カーロスは自然が人に力をくれることを知っていました。だからリオからテラズアポレスに移り住んだ。テラズアポレスは雄大な山の中腹辺りの街、豊かな自然に囲まれて空気までが神聖な感じがする街。ここで庭にマットを敷いて一日中柔術をやった。ここがグレイシー柔術の始まりの場所。
グレイシー柔術が始まった街であるテラズアポレスには、広い空き地がありました。ここにカーロスは家を建て一族で移り住んで一日中柔術をやった。そしてグレイシー柔術が産まれた。カーロスが建てた家には24部屋のベッドルームがあった。

カーリーが目の前で教えてくれるさまざまな話。その時には感じなかったことが段々見えてきました。グレイシー柔術の誕生には様々な説があります。僕の話はカーリーから直接聞いた話です。僕にとってはカーリーが話してくれたことが真実。そして今から語ることは僕の想像です。

柔術に一生を捧げたい。あるいは他の何かで真剣に打ち込みたいことができて、一生をそれに捧げたいと思う人は沢山います。そう思っても仕事もしないで、暮らしていくことは普通はできません。暮らしていくには衣食住が必要で、そのためにはお金が必要で、お金のために普通は働かなければなりません。いくら一生を捧げたいと思っても普通は無理なのです。カーロスは衣食住に困らず、24ものベッドルームがある新居を建てた。そこで一日中柔術をやって暮らした。一体どうやって生活の糧を得ていたのだろうか？

そうかガスタオン・グレイシーは政財界にも顔が利く程の地元の有名なビジネスマンだったんだ。段々と想像が膨らんできます。カーリーはサンフランシスコに家を二軒、ブラジルには広大な農園まで持っています。

グレイシー柔術だけでそんなに儲かるんだろうか？　ガスタオンはおそらく莫大な資産を持っていたのだろう。まだグレイシー柔術は生まれていないテラズアポレスの時代。生徒もいなく一族で一日中柔術だけをやっていた時代。それを余裕で支えるだけの財力があったからこそできたのでしょう。

息子のカーロスにも遺産が分配され、それがカーリーにも分配された。グレイシー一族は子沢山で有名だ。カーロスから20人近くの兄弟に分配された遺産。カーリーがその金額で農園や家を買っていたとしたら。これは単なる想像だ。ただガスタオンが素晴らしく有能なビジネスマンであったことは事実で、相当な資産家であったことも間違いない。

少し想像してみる。大恩があるガスタオンの息子に教えた柔術の意味を。大きな恩義を持つ大資産家の息子に教えた柔術の本当の意味は世界最強になるためだったのか？　大きな恩義を感じて、返す物がなかった。その時に持っていた最高の物が柔術。その柔術でなぜ恩義あるガスタオンの息子を世界最強の格闘家にしなければいけないのか？　どこにも理由は見当たらない。優秀なビジネスマンの立派な後継ぎになるのを助けるために役に立つ柔術を教えるのであれば、そうかと納得できます。

ご縁は繋がって時期を合わせてやってきます。柳生心眼流の師匠に何度か言われたことがあります。お前さんのやってる柔術をよく知っているよと。時期が来ない時にはグレイシー柔術を知ってるんだ。そうとしか思いませんでした。時期が熟した時に一冊の本をお借りしました。本覚《ほんごく》克己流《こっきりゅう》柔術と書いてある一冊の本です。本覚克己流柔術は津軽地方の柔術。柳生心眼流の師匠は日本中の古流武術を訪ね歩き、様々な資料を持ち、様々な多種多様な伝承の秘密を知っていました。この一冊にも資料提供などで協力したそうです。

その本をお借りして読んでみると、津軽のお殿様は大変武術に興味を持ち、その素晴らしさを知っていたと書いてありました。津軽藩の武術の知恵を結晶し本覚克己流柔術が生み出されたとも書いてあり、そのために津軽藩には諸派が入り乱れることなく、柔術と言えば本覚克己流柔術となったのだという。前田光世は津軽の生まれ、講道館に入門するまで津軽で柔術を学んでいたとの記録もあります。おそらく前田光世が学んだ柔術は本覚克己流柔術であろうと思われます。

この本にはこのような一文が書かれていました。柔術とは心身において青少年の健全な発育を促す藩の宝であると。単なる戦闘術ではなく、青少年育成の宝と藩主自らが言った柔術。前田光世がカーロス・グレイシーに伝えた柔術は、この精神を伝えた可能性が高くあると想像できます。前田光世がカーロス・グレイシーに柔術を伝えた時代は明治の時代。１９９３年にＵＦＣが旗揚げしてそこでグレイシー一族が闘うことなど全くの想定外だったことでしょう。ブラジルは日本に比べると今でも大分危険な国です。その時代にブラジルで自分を守るための護身術は現代の比ではない強さが求められた可能性が高い。グレイシー柔術は当時のブラジルで圧倒的に有効な護身術として伝えられた可能性があります。何しろ初期のＵＦＣでも圧倒的な強さを誇ったのだから、当時のブラジルでも相当な強さを誇れた。だからこそ時代を経てグレイシー柔術は名を上げていき、ＵＦＣでも圧倒的な強さを誇った。

グレイシー柔術は、圧倒的な強さを持つ反面、闘うチェスとも呼ばれます。自分が動くのではなく、相手を動かす。そのための独自の戦略がある。相手を誘導するように動かすこと、それができるのがグレイシー柔術の上級者です。

闘いの時は常に自分は安全な位置に置く。相手はそれに気がつかずに僅かな動きにつられて動かされる。何度かそれを続けていくと、動かされている相手に隙が生まれる。その隙を逃さずに一瞬で技を極める。普段の練習では打撃を使わないで、組技だけの練習をやる。上級者は組技の中に打撃を隠して、いつでも出せるように、あるいは相手が不意に打撃で攻撃をしてきても大丈夫なポジションを維持しながら組技だけのスパーリングをやる。

このスパーリングはカラダを動かしながら頭脳が一緒に鍛えられる。グレイシー柔術は相手を誘導するように動かしながら、チェスの盤を支配するようにマットの上を使い、頭脳とカラダを重ねて動く。この時チェスのように10手や20手先まで読む。

カーリーが教えてくれたグレイシー柔術の強さとは？　それは決してカラダが強いとかテクニックが優れているではありませんでした。やるべきことを知り、やってはいけないことを知る。やるべき最善のことをいち早く引き出し、ベストのタイミングで行動できること。闘いだけではなく、ビジネスにも他の全てにも共通するような教えがグレイシー柔術で強くなるために心身を通じて身につけることでした。

グレイシー柔術は基本的に相手にダメージを与える技を好まない。絞め技や関節技での勝利を選ぶ。相手がタップすれば無傷で試合は終わる。タップというのは負けを自ら認めるために相手やマットを手で叩くことです。相手がタップしたら技を解く。きちんと負けを認めタップすれば大きなダメージを負うことはないのです。とことん傷つける闘いをグレイシー柔術は嫌う。綺麗に勝利をしてお互いに傷つかない闘い。これもまたビジネスに通じるのかもしれません。
格闘技という緊張感がある状態で、カラダを動かしながらそれを磨く。素早く動き切り替えの早い肉体と頭脳、そして柔術を通じて手にした度胸と平常心。これは素晴らしい能力です。グレイシー柔術は使い方一つで、健全な心身を男女年齢に関係なく育み、同時に素晴らしい人間教育のツールともなるのは事実です。

2020年1月、サンディエゴでカーリー・グレイシーと20年ぶりに再会しました。夜遅くにクラークの車で空港に迎えに行きました。夜のレッスンが終わってそのままサンフランシスコからサンディエゴまで来てくれたカーリー。カーリーは再会するとすぐにアカデミーの宣伝用のチラシを見せてくれました。チラシには日本でセミナーをやった時の写真が使われていました。カーリーは笑顔で、僕と一緒に写っている写真を今でもパンフレットに使ってあるのを見せてくれました。その時一瞬で僕たちは家族に戻りました、長いこと会っていなくとも家族は再会した瞬間に時間が戻る。時間が戻ればすぐに柔術の話が始まる。カーリーは懐かしいトレーニングの話をし始めました。サンフランシスコの郊外のビーチまで行って走った時のことを。

グレイシー柔術は体重差があっても負けない。その時の秘密は相手を上手に疲れさせること。相手に攻めさせて自分はダメージを受けない闘い方。これがグレイシー柔術の秘密。自分が有利だと勘違いさせて完成しない攻撃を相手に繰り返させる。どんなに力が強くて、大きな相手でも息ができなくなったらただの木偶の棒になる。グレイシー柔術には武術のような口伝は多分ない。でも大切にしているカラダを動かす時のいくつかのコツがある。呼吸を絶対に乱してはいけない。これが何度も繰り返しカーリーが教えてくれた秘訣。

呼吸の運動をするために、カーリーはサンフランシスコでビーチに行って僕を裸足で走らせました。午前中の練習が終わったらそのままビーチに行って走る。練習で疲れたカラダで何時間でも走れるような走り方を覚えさせるために。呼吸と同調した筋肉をつけるためにビーチで走りました。

疲れないで走るには、自然に呼吸を長くする走り方になる。口で呼吸をするとすぐ疲れるから鼻から息を吸ってなるべく長い呼吸をする。そうすると疲れないで長い時間走ることができる。マラソンではないので、スピードは関係ない。ただ疲れないで呼吸を乱さないでいくらでも走れるようにするのが目的の、独特の走り方をする。裸足で走るのが良いんだ。カーリーはよく言っていました。だから走るためだけにわざわざ時間をかけてビーチまで車で行ったのです。

それを隣で聞いていたクラークが言いました。あれもきつかったよね。あれとはブラジルのビーチでクラークと一緒にやった練習。ブラジルのビーチでは波に向かって走りました。ブラジルのビーチは大きな波が来る割に、遠浅なので背丈を超えるような波がやって来ても、過ぎ去ると胸の少し下くらいまでの高さしか水がありません。だから波に向かって突っ込んでそのまま泳いでも危なくない。そして帰りは水の抵抗を受けながら走る。ビーチに出たらカーリーの元まで走る。波に向かって走って、飛び込んで泳ぐ。走るのと泳ぐのを交互に。走る場所はビーチと海の中で、短時間で違う運動を違った場所でやる。息を切らさないようにしながら。確かにとてもきつい運動でした。

振り返ると正に無意識の運動指令を使った運動になっていました。裸足でビーチを走って、海の波の抵抗を受けて泳いだり走ったり交互に別の運動をやる。その時の呼吸は鼻から吸った長い呼吸、そして波に突っ込む時には息を止めてそのまま運動を続ける。疲れ果てても何度も何度も続ければ、意識ではなく無意識にカラダが動き始める。偶然なのでしょうか？　カーリーが懐かしそうに話したビーチのトレーニングは武術の知恵を元に発掘した無意識の運動指令を発動する運動としてとてつもなく優れている運動でした。

UFCからの恐怖の日々、心を変えてくれたサンフランシスコの日々。あっという間に晴れた心。あの時も毎日カーリーが付きっきりでテクニック以外のカラダの使い方をアドバイスしてくれました。スパーリングで疲れてカラダの動きが雑になると、すぐにストップがかかる。その時カーリーは教えてくれました。それじゃテクニックだけだ。グレイシー柔術はテクニックだけじゃない。カラダのフィーリングが大事なんだ。カーリーはテクニックの形にはあまりこだわらないで教えてくれました。

カーリーはよくこう言いました。Not too bad（それでも大丈夫）と。少し技の形が違っても実際に使えればそれで良い。形が良くて使えない技の何倍も良いと教えてくれました。カーリーが大事にした教えはテクニックの形よりも、動く時のカラダの感覚（フィーリング）でした。カラダの動きが雑になると、すぐストップして、フィーリングが消えたと言いました。フィーリングが大事なんだ。それが消えたら強くはなれない。同じ練習が弱くなる練習になるんだ。そう言って必ず休ませてカラダの感覚（フィーリング）が戻ったらまたスパーリングを再開しました。

カーリーが付きっきりで教えてくれたのはグレイシー柔術のテクニックだけじゃなかったのかもしれません。グレイシー柔術のフィーリング、それが武術家のカラダ使いだったとしたら。柔術は心身を正しく導く最高の教育のための教科書。津軽の柔術本覚克己流柔術と繋がってきます。

人生で一番恐怖に怯えた日々、あっという間に晴れていった心。晴れた心がやって来た理由には、グレイシー柔術のテクニックを覚えたことが大きい。もしかしたらそれ以外にカラダを動かす感覚（フィーリング）、それを導き出す動き方をやった効果があったように今は思えます。

グレイシー柔術のフィーリングとは、決して疲れない呼吸。スムースに途切れない動き。これはカラダだけでなく思考も同時に含まれています。思考がスムースでなければカラダはスムースには動けません。思考とカラダの動きも呼吸と姿勢と関係します。グレイシー柔術は一番初めにベースを教える。ベースとは強い姿勢を保ち、そのまま動けること。確かにカーリーが教えてくれたグレイシー柔術は心身の隠れた可能性を引き出すような教え方でした。

サンディエゴの静かな夜、僕たちは家族が再会を喜ぶように話をしました。積もる話はいくらでもある。何しろ20年ぶりなのだから。名残惜しかったがもう深夜だし、翌日の午前中からレッスンがあるので、クラークと一緒に帰りました。

帰りの車でクラークが言いました。ダディは今でも平を誇りに思ってるんだよ。真っ暗なサンディエゴの郊外を走る車の中で、クラークと2人でもう少しだけ懐しい話をした。

第8章

グレイシー柔術と柳生心眼流

1 全てはグレイシー柔術の中にある

翌日のレッスン、サンディエゴは1月でも太陽が暖かい。クラークのアカデミーの壁のほとんどはシャッターになっています。天気が良いとシャッターを開ける。カリフォルニアの空気と風がマットに入ってくる。ポカポカとした太陽に温められた空気は1月でも気持ちが良い。その時に事件が起きました。起こしたのは自分。というより拙い英語（笑）。その日カーリーはスタンドアップを教えてくれました。スタンドアップというのは護身術のようなテクニック。護身術のようなというのは僕の解釈。その日はカーリーがナイフに対するスタンドアップを教えてみんなで繰り返しました。

その時にこうやったら力が増える。これは技の防ぎ方じゃない。技を通じてカラダを強靭にする。日本の昔の柔術はこうやってカラダを鍛えたりしていた。やわらぎの原理でスタンドアップを更に強化する。強化されるのはカラダ、技の形が変わる訳ではない。形を変えることで、元の動きを良くする。型の原理の応用で技とカラダを良くする。決して技を変える訳ではなく、技の形を変えることで元の技を良くする。

スタンドアップを指導するカーリー、クラークと。

これを英語で説明するのは、振り返ると確かに難しい。カーリーはこの言葉を聞いたらじゃあやってみろと。他の生徒でやって見せました。確かに力が大きくなる。無意識の運動指令が発動すると力が無意識に大きくなる。何回か見せると、カーリーがじゃあ俺にやってみろと言いました。何だか顔つきが違うぞ。嫌な予感しかしない（笑）。ずっと昔サンフランシスコに道場破りがやって来た時の記憶が蘇る。あの時は道場破りが可哀そうになった。

カーリーは約束の動きを無視してドンドン技を仕掛けてくる。

ドンドンやられる（笑）。暫くやられまくった（笑）。型の原理で形を変えたので、技としては効果が落ちる。カラダを良くする目的なので技の効果を減らしてその分カラダを奥から磨く形の変化だからやられまくった。充分技をかけまくったカーリーはいつもの笑顔に戻っていました。それから初めて聞く話をしてくれました。それは柳生心眼流で聞いた話と全く同じでした。

「スタンドアップで大切なのは動きじゃない」
「スタンドアップで大事なのは相手の攻撃を確実にストップすること」
「ここまでが大切なんだ」
「ここから先はスタンドアップの動きに囚われたらいけない」
「スタンドアップの動きはトレーニングに過ぎない」
「ストップしたら」
「すぐに一番早い攻撃」
「相手が嫌な攻撃をするんだ」
「これが本当の時のスタンドアップの使い方だ」

一番いやな攻撃を僕に連発してカーリーが教えてくれた初めて聞く話。
笑顔に戻ったカーリーはゆっくりと僕に教えてくれました。

「ストップしたら、すぐに殴ったり蹴ったりするんだ」

〝ストップしたらすぐ〟は、どちらかと言えば〝ストップしながら〟に近い。目の前でやって見せてくれるナイフをストップしながらパンチやキックを繰り出すカーリーの動きを見ながらそう感じました。カーリーの動きは柔術というよりも剣術みたいでした。

サンフランシスコでカーリーが映像を見せてくれたことがあります。誰もいない部屋で2人きりで見た映像。時代はまだビデオテープの時代。映像を見る前にカーリーは僕に言いました。これから見せる映像はグレイシー一族の秘密。グレイシー柔術の秘密だ。だからこの映像をダビングすることはできない。一族の掟だからできない。だから今から見せる映像をしっかり目に焼き付けておくんだ。そのうちきっと役に立つ。

その時には分からなかった意味が繋がってきました。確かに役に立つ時が来ました。その映像はグレイシー柔術の秘密と言われたのに、あっけない感じでした。馬乗りになってパンチを打ったりの映像は全くなく。全てスタンドアップのテクニックだったのです。だから当時はあまり興味深く見なかったのを覚えています。ただ一言凄く気になるフレーズが字幕で出ていました。

「全ての格闘技はグレイシー柔術の中にある。」

当時は分からなかった意味が少しずつだが見え始めています。格闘技は武術や武道なのかもしれない。テクニックではなく、武術や武道が忘れつつある心身を健全にするための型に含まれた秘密。

単なる格闘技だけでなく心身を健全にする要素が隠されている運動。それがグレイシー柔術のスタンドアップに隠されている可能性がとても高い。あれから時を経て、こんな言葉が浮かんでくる。全てはグレイシー柔術の中にある。


サンフランシスコで初めてスタンドアップを教わった時にカーリーはこう言いました。「これはあんまり使えない」「でもスタンドアップはグレイシー柔術にとってとても大切なものなんだ」と。だからもしかしたら、一族の秘密で、一族以外には伝えないスタンドアップの秘密があるのかもしれない。グレイシー柔術のカラダを動かすフィーリングでスタンドアップをやると護身術にもなり、同時にカラダが元気になっていく。本来の柔術とは、元々このようにできている。グレイシー柔術も古い時代の柔術。

20年ぶりのカーリーのレッスンでスタンドアップを2つ間違って覚えていたことが分かりました。何と20年も間違えて教えていたのです。ここで訂正しよう。そしてこの2つの間違いからスタンドアップの意味が更に深く見えてきました。間違えて覚えたのは、もしかして必然で、20年が経って柳生心眼流柔術を学んで違いが分かる時が来たからもう一度教わって、その意味が分かったのかもしれない、そんなことを思うほどに不思議な時間をサンディエゴで過ごしました。間違えていたスタンドアップ2つはどちらもナイフに対するスタンドアップです。

一つ目は相手が上から切り付けてきた時のスタンドアップ。ナイフで切るには上から下に切り落とすように動く。ナイフが下に向かう時には危険なので距離を取る。プロの殺し屋は別だが、下に切ったら必ず次に上に戻す。上に戻す時には無防備で動きを変えられない状態になる。恐怖で何も考えられなくなればどちらも危険と勘違いしがちですが、危険の裏には安全が隠れているのだ。これも武術の陰陽です。

グレイシー柔術のパンチの避け方も同じ原理で行います。上から切り付ける時には距離を取り、下から上に戻すタイミングに合わせて距離を縮め自分の腕を相手の腕に合わせる。この時に大事になるのは姿勢です。姿勢が悪いと上からの力に負けてそのままナイフがすり抜けてくる。また動きが止まると相手は腕を離してナイフの軌道を変えることができるので危険です。姿勢を正したまま、動きを止めないで進む。姿勢の強い力で押すと、相手は無意識に押し返そうとする。その結果ナイフを持った相手の腕は、自分の腕から離れないので安全になる。

安全な時間はホンの一瞬だ。一瞬のチャンスを逃さずに正確に技を極める。緊張しながらも姿勢を正してリラックスして動く。そのまま止まらないで動く。止まらないで動く時の呼吸は第4章で書いた良い呼吸、二酸化炭素が増えてカラダを動かす呼吸に自然になる。呼吸をすると自然に力が抜けるため相手のナイフが動いて危険なので、2人で行うと無意識に呼吸を止めた動きになる。グレイシー柔術のスタンドアップは知らず知らずのうちにカラダに良い運動にもなっている。

ここから相手を制圧する動きになる。ナイフを持った相手の腕をとらえて相手後方へ落とし極める。間違えていた動きはこの動きだ。この動きでも相手を制圧することはできる。むしろ正しい動きよりもスッと素早く動ける。格闘技では効率の良い動きを磨き、カラダはトレーニングで鍛える。型のような概念は格闘技にはない。格闘技の考えでやるならこの動きでも問題ない。だから間違いに20年も気がつかなかったのだろう。

グレイシー柔術"スタンドアップ"(前から)

振り下ろしてきたナイフへの対処(間違えていた動き)

相手が右手で振り下ろしてきたナイフを引いてかわし、

振り上げる動きに合わせて間を詰め、

再び振り下ろされるところを左手で受ける。

右手を相手肩裏へ回して固定しつつ、踏み込んで、

左手を下して相手右手を落とし極める。

グレイシー柔術"スタンドアップ"（前から）

振り下ろしてきたナイフへの対処（正しい動き）

（前ページ一連写真最終部5～6において）
受けた左手を捩じりながら下ろし、相手裏から差し入れた右手で自分の左手を掴んで極める。

正しい動きは、相手の腕にあてた方の腕を捻じりながら、もう一方の手で自分の手首を掴む。柳生心眼流柔術を通じて無意識の運動指令を発掘した20年後だからすぐに意味が分かりました。腕の角度を正確に極めて捻じると無意識の運動指令が発動してカラダが変わるのです。もう一方の手で手首を掴むとさらに無意識の運動指令が重なり、無意識にカラダは良くなります。単なる格闘技の動きでは自分の力でしか相手を制圧できません。無意識の運動指令を引き出す時に相手の力があると効率が高まり、そのまま前に出ればさらに強化される。受けたまま動く時に呼吸をすると力が抜けて相手のナイフが自由に動くので呼吸も無意識に止めたまま動く。気がつかなかっただけでスタンドアップには日本の柔術の型の要素（口伝）のほとんどが込められていたのです。

ストップするタイミングを掴み相手のナイフを押さえつける強いベースがあれば、腕を止めたままパンチを打つこともできる。ボクシングのような軽快なフットワークで受け止めると腕で抑えきれずにナイフが来る。また単に受け取るだけの力では組技のもみ合いのようになってしまう。揉み合っていてはそのうちナイフにやられる。グレイシー柔術のスタンドアップは型のようなものだったのでしょう。相手が素人であれば充分にそのままでも使える型。そして健全な肉体と精神も養える動きが隠されている。空手や拳法などにも似たような動きの型を見たことがある。

もう一つは真っすぐにお腹を刺してきた時のスタンドアップです。これも同じ原理で最後の極めの形に秘密があります。刺してくる腕を引くタイミングに合わせて前に出て、前に出せない状態で腕を合わせる。間違っていたのは肘に腕を合わせる形です。間違えていたと言っても、この動きはレスリングの手取りというテクニックそのままの動きです。レスリングの動きそのままだから動きとしては間違っていない。こちらの動きの方が素早くできる。正しい動きは手をあてる位置が反対です。腕を交差させるように動かすと無意識に力が高まる。この、〃無意識に力が高まる〃という形がとられるところが大きな違いです。この動きも似たような動きが空手や拳法にある。

この解釈が正しいのかは誰にも分かりません。もしかしたらカーリーは本当の意味を知っているのかもしません。この解釈で運動することでカラダは無意識の運動指令を発動してカラダ全体が繋がり、力とバランスが向上します。この運動で健康になること。格闘技の緊張を克服しながら強靭な心に変わっていくことも事実です。前田光世先生の伝えた技術は講道館柔道の技術ではない。伝えた柔術が津軽の柔術だったとしたら、柔術には同じ使い方が隠されているはずです。

グレイシー柔術"スタンドアップ"（前から）

突いてきたナイフへの対処（間違えていた動き）

相手が右手で腹めがけて突いてきたナイフを引いてかわし、

ナイフを引くタイミングに合わせて間を詰め、

再び突いてこようとするところを左手で受け、

下から右手で相手右腕をとらえ、

そのまま腕をとらえ極める。

グレイシー柔術"スタンドアップ"（前から）

突いてきたナイフへの対処（正しい動き）

（前ページ一連写真最終部5〜6において）右手で相手の右肩を落とさせ、受けた左手と自分の右手を自分目の前で交差させるようにして極める。

2020年1月、コロナが静かに世界に広がろうとしている頃、サンディエゴでの出来事。もう少し行くのが遅ければ渡航禁止で行けなくなっていました。それが少しズレたら帰国できなかった可能性さえある。

20年ぶりの再会で初めて知った事実があります。当時の旧K−1の選手をブッキングする会社のオフィスが偶然サンフランシスコにあって、グレイシー柔術を見つけて日本人に教えて欲しいと言いました。これがカーリーとの出会いの始まりでした。そこまでは知っていました。カーリーに僕を教えてと頼んだのだと思っていました。その時にファイターの写真を見せて欲しいとカーリーは言ったらしい。色々な選手の写真を見ながらカーリーが聞きました。チャンピオンは誰だ?と。当時のK−1の王者はアンディ・フグでした。カーリーは何で日本の王者が外人なんだと言って、日本人の写真を見せるように言いました。そこで僕が選ばれました。カーリーは僕の写真を見て僕を信用できると思ったと25年が経った時に教えてくれました。だからだったのか、はじめからカーリーは凄く優しかった。僕たちはすぐに打ち解けました。そして家族のようになって過ごしました。人生にはご縁がある。ご縁が人生を彩ってくれる。

2 健康運動としてのグレイシー柔術の側面

グレイシー柔術のスタンドアップには想定されるあらゆるポジションがあります。想定されるポジションとは通常起こりうる護身的な状況の全てに対するポジション。咄嗟の出来事は前からだけでなく、横や後ろからも起こり得る。前よりも横や後ろから襲われる方が危険性が高い。だからグレイシー柔術には前後左右全てのポジションがあります。

カラダを満遍なく動かし意識を広く持つという意味においても、前後左右に稽古をする方がより高い効果が望める。幅広く健康な心身の反応を養うという意味においても、グレイシー柔術のスタンドアップは適しているのです。

スタンドアップの全てをここで紹介するには紙面の都合上難しいので前後左右で代表的なものを紹介します。前からのスタンドアップはナイフで2つ紹介したので、健康運動としてのやり方を紹介しましょう。

対人で行うスタンドアップの動作を一人で行う（次ページ写真参照）。ナイフを止める時の肘

健康運動（一人型）として行う“スタンドアップ”１

２１５～２１６ページのスタンドアップ（対ナイフ突き込み）の動作を一人で行なう。動く時の肘１２０度、極める時の大きな力が出る肘90度、交差形など、自己身体を最大限に活動させる工夫が込められている。

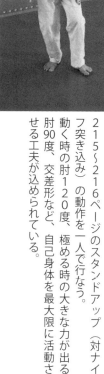

の角度は90度、そこから120度に変化しながら動いて最後はまた90度に戻す。片腕を前に姿勢を正し前に出る。反対の手は自分の肘の外辺りにそのまま腕を交差させて同時に足さばきでカラダを回転させて動きを極める。

技が極まった時の肘の角度は90度だ。肘の角度にも秘密が隠れている。肘の角度に関しては、カラダ全体の力と大きく関係するので最終章で詳しく書こうと思います。

この動きは1人でやると効果を感じません。スタンドアップでは相手がいるので実戦的な動きをすると、良い動き、相手を制圧する動きとして動きが正しいか判断できます。武術の型をやって効果が出るのかを確かめながら行うという点でもスタンドアップは優れています。無意識の運動指令は普通の動きでは感じないが、ゆっくりと動くとカラダの中をスッと何かが動くような感じが出てくる。自然な動きよりもゆっくりと動作を行う。不自然な動きにより無意識を感じることができるのです。一人でやる時にはゆっくりと普通の早さを使い分けます。

次は横からです。冬場など長袖を着ている時に起こりうる状況です。相手は袖を引っ張るようにして力強く引いてくる。悪質な客引きだ（笑）。初めに安全なポジションを取る。鼻から息を吸い呼吸を止めて、ベースと呼ばれる強い姿勢を維持しながら、持たれている腕の肘を90度にし

グレイシー柔術"スタンドアップ"（横から）

横から引っ張られた時の対処

相手が左手で横から袖を引いてきたところ、

鼻から吸って止め、強い姿勢を維持し、相手の右手から遠い安全ポジションを維持しつつ、

右斜め後ろへ移動。持たれている腕の肘を90度にして相手腕を押すようにしながら、

さらに移動すると、相手は戻そうと反応する、その機をとらえ、右手を相手左肘の後ろへ回し、

右肘を90度にして相手左肘を極め上げる。

て相手の腕を肘で押すようにしながら相手の引いている腕の方向に移動する。空いている腕の方向に移動すると残りの手で攻撃をされる恐れがあるので、空いている手から遠のく位置に移動する。

グレイシー柔術は自分が移動することで相手の反応を限定します。袖を持たれたまま動くと相手は逃がさないように袖を持つ力を増やす。持たれた腕の肘を90度にすると腕を持っている相手に無意識に強い力が伝わる。90度は力の強い角度なので自分のカラダは無意識に強い状態に変わり、その変化が無意識に相手に伝わり相手は無意識に力をさらに込めてしまう。持っている手を離さなければ問題は体勢を崩されることに限定できる。ポジションと強いベースによって体勢は崩されない強い状態になっているので、それに気が付けない相手が崩してきても安全です。ポジションにより空いている手からは離れているのでこちらも安全。これによって自分を守るポジションができます。もしもいきなり腕を振り払うと、相手との関係性がリセットされるので次に一体何が来るのか予想することは難しくなります。それでは護身というよりも喧嘩になってしまいます。振り解かないということは一見危険なようですが、持ったままで何もできない状態にしてしまえばリセットするよりも遥かに安全なポジションになります。カーリーが教えてくた全てに対するポジションには全てこのような知恵が隠されています。

移動して逃げようとしていると勘違いした相手は腕を持って元に戻そうとする。この時に肘の角度を120度にすると相手は、無意識に腕を動かす。90度は強い力で可動範囲が狭く、120度は強さと可動域を同時に発揮する肘の角度です。触れたものに対しては必ず無意識の運動指令が働くので、相手は無意識に動きが変わる。実際にはこちらの罠で、相手の動きを変えているのです。力を入れるために肘を曲げる時を逃さずに、持たれた腕を回転させる。この時相手が力を込められないタイミングが練習を重ねると分かるようになってくる。曲がり始めた腕をそのまま腕の回転の力を利用して腕を肘の辺りに当てると相手の肘関節が極まる。この時も最後の肘の角度は90度になる。護身術の本ではないので、まずはこの説明でグレイシー柔術には巧みなテクニックがあると実感して頂けたら嬉しいです。心身を健康にする知恵も同じようにスタンドアップに秘められています。

このスタンドアップを一人でやるには、腕を横に90度にして出しながら足を移動する。次に肘を120度に変化させて力と可動域を重ねて回転させながら逆の手足を同時に引くようにして回転する。最後の極める動作の時には再び肘の角度を90度にして強い力を引き出す。動作はゆっくりとやります。回数を重ねると姿勢を正したり、腕を回転させる時に背中や腰などにスッと何か

健康運動（一人型）として行う“スタンドアップ”2

221ページのスタンドアップ（対横から引かれ）の動作を一人で行なう。肘を90度にしながら移動し（写真2）、120度に変化させながら（写真3）、逆の手足を同時に引くようにして回転し、右肘90度で極める（写真4）。

が流れる感じが出てきます。これがいわゆる氣の流れに相当するものなのです。

スタンドアップはカラダを作りそのままでも使えます。ただしそのままでも使える型でも場合によっては使えなくなるので、相手が強い場合にはスタンドアップを元に工夫が必要になります。柳生心眼流で教わった型に関する口伝と同じことを、ずっと前からサンフランシスコで繰り返していたのでしょう。その時はまだ気がつくまでの学びに至っていなかっただけで。

次は後ろからのスタンドアップです。相手が後ろから両腕で胴体を抱え込んでくる。持ち上げられないように腰を落としながら両手を下に着く。これにより相手は両腕を離せない状態にさせられる。とっさに両腕に重さがかかれば、格闘技をやっていても咄嗟に離さないようになってしまうことが多い。一般の相手であればまず咄嗟に離すことは不可能に近い。前に崩れて両腕が離せなければ何もできないので安全なポジションになる。しかし安全な時間はホンの一瞬だけです。これは全てのスタンドアップのポジションに共通します。ホンの一瞬は稽古を重ねれば充分な時間に変わります。ここで、肘打ちを相手の頭部を狙って打つ。当たる場合もあるし当たらない場合もある。当たらない場合、相手は反対側に頭をズラして逃げている。ここが本当の狙いです。

グレイシー柔術″スタンドアップ″（後ろから）

背後からホールドされた時の対処

相手が背後から胴を抱え込んできたところ、

持ち上げられないように腰を落としながら両手を下に着く。

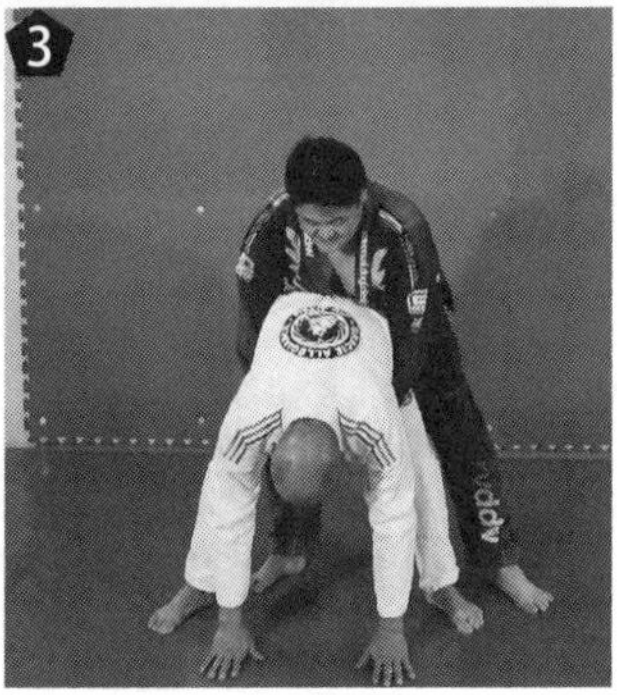

相手の頭部へ左肘を打ち込む。

右へズラしてかわした相手の頭部へ、すかさず右肘を打ち込む。

反対側の肘で逃げてきた頭を迎え打つ。逃げることによって不意をとらえられた相手のダメージは大きくなる。

この運動を一人でやります。両足を広く開きながら両手を下に着く。そのまま肘打ちを1回、続けて反対側の肘打ち。2回目の肘打ちは立ちながら姿勢を正して打つ。姿勢を正すことで無意識にカラダが整い力が大きくなる。2人で試してみると分かりますが、肘打ちが強くなるだけでなく、正しい姿勢と呼吸ができると相手が持っていることも困難になる程の大きな力が全身から無意識に発動しています。この全身の力を肘に込めて相手を狙う。見た目の肘打ちとは全く別の威力が秘められているのがグレイシー柔術のスタンドアップの秘密です。強烈な威力をカラダ使いで可能とすることで心身を強靭に変える運動にもなるのです。

最後はスタンドアップからの打撃です。初期のUFCで圧倒的な強さを誇ったグレイシー柔術の基本です。相手と距離を取り、スッと距離を詰めながら横蹴りで相手の膝を狙う。

当たれば非常に強力な蹴りです。そのため格闘技の試合ではプロでも禁止されているテクニックです。膝を狙われたら本能的に人は危険を察知して後ろに下がる。後ろに下がりながら人は大きな力は出せない。大概の人は力を出すどころか、前に出ることができなくなる。これもまた巧

グレイシー柔術”スタンドアップ”（打撃）

横蹴りからのタックル

間を詰めながら、相手前膝めがけて横蹴り。

相手が下がった瞬間、一気に間を詰めて、

タックルで倒し、寝技へ移行する。

妙にできているグレイシー柔術のポジションです。前に向かって大きな力が出せない一瞬を逃さずにタックルをして相手を寝技に引き込む。寝技になればグレイシー柔術は圧倒的な強さを誇る。打撃系は寝たら何もできないし、寝技ができる組技系も寝技に打撃を取り入れたグレイシー柔術には対応ができませんでした。これがＵＦＣ初期の闘いの図式です。現代ではこのテクニックは通用しません。もっとも総合格闘技を知らない相手であればこの図式は今でも変わりません。

宮本武蔵先生の五輪書に歩き方に関しての記述があります。

この道の大事にいはく、陰陽の足といふ、これ肝心なり。陰陽の足は、片足ばかり動かさぬものなり、斬るとき、引くとき、受くるときまでも、陰陽とて、左右〳〵と踏む足なり。かへす〳〵片足踏むことあるべからず。よく〳〵吟味すべきものなり。

脚は片方ずつではなく、両足を繋げて動かすことが大切という意味です。武術の稽古と無意識の運動指令を日々探求していると、色々な、現代の人が気がつかないような小さなことに気がつくようになります。ほとんどの人が意識しないだけで歩き方が不自然になっている。これも環境と人、意識と無意識の関係から気がつきました。

歩くことを思い浮かべてみましょう。または実際に歩いてみましょう。一歩足を踏み出してみる。踏み出す足の力でスッと足を出していないでしょうか？　軸となる足にはあまり力が籠らずに前に出る方の足の力で一歩を踏み出している人が多いと思います。これでは左右の足の陰陽は分かれて動きます。

次に階段を登ることを考えてみましょう。普通に登る時にはスッと一歩出せる、それでは一段抜かすと今度は少し大変になるので軸足に無意識に力が入ってくる。二段抜かし三段抜かしと進むと無意識に軸足から動き出して軸足が進む足を押し出すように足の動きが繋がってくる。軸足から繋げた力で前足が踏み出される。これが陰陽の足です。

日常の環境では自然からかけ離れた想定外の楽な動きをしているので、その結果繋がりの欠けた場所の腰に問題が出たり、腰から繋がる膝に問題が出たりします。足はどんなに楽な場所でも繋がっているのが地球の自然と人間のカラダの動きの関係。江戸時代においてさえ、人が歩いて馴らされた程度の道を歩いてもこの問題があったのでしょう。だから五輪書に足に関する記述があるのです。舗装道路を靴を履いて歩く現代では歩くことが見えない小さな部分（未病）として健康を害している可能性が高いのです。

歩くとは人が行う運動の基本です。両足を繋げて歩く。軸足で踏み込んで前足を前に出す。この関係が正しく働くとカラダはきちんと機能し始める。とはいえこの動作が難しいのが現代の環境になるのだから、少しの工夫が必要になります。

そんなことを考えているとグレイシー柔術のスタンドアップのサイドキックが浮かんできました。前足で横蹴りをする。その時に大切なのは後ろ足で蹴りこんで前に出る力です。極端な動作をすれば無意識に自然な動きが引き出される。階段を一段二段と極端な登り方をすると無意識に登り方が変わるのと同じ原理が、サイドキックの時に起きているのです。前蹴りでも同じですが、横蹴りだとより難しい動作なので、無意識の運動指令は効率よく出てきます。単なるサイドキックではなく次にタックルが入ると更に効果が大きくなる。タックルとは相手を崩す目的なので、自分が崩れたら上手くできない。一人でやる時には後ろ足から力を込めて前に出ながらサイドキックを蹴る。そのまま後ろ足を引きつけて、相撲のような安定した力強い姿勢を取る。足運びが変われば姿勢も良くなり、それに伴って呼吸も良くなってくる。この運動をやることで最終章で紹介する運動がやりやすくなります。

ブラジルやアメリカでは実際に危険な目に遭う可能性が日本よりも高い。日本はまだまだ安全だと感じます。ブラジルでもアメリカでも、ほとんどの海外の国では道路に自転車を置いておけば盗まれます。自動販売機は道路には絶対におけない。商品と現金が入った箱があれば、当たり前のように盗まれるからです。コインランドリーにも管理人が必ずいます。誰もいなければ、洗濯機ごと全部盗まれる。だからブラジルやアメリカでは護身術が必要になるのです。ブラジルには2回しか行っていませんが、ホテルの前で人が撃ち殺されました。人生でそんな経験はたったの1回だけです。日本では護身術もそこそこは必要な場合もありますが、諸外国に比べれば必要性は薄い。それよりも日常の不健康こそが問題である気がします。現代における日本の護身とは危険な相手から身を守るだけでなく、不健康の元から身を守ることがとても大切だと思います。護身を身につけながら心身を健康に導くグレイシー柔術のスタンドアップには素晴らしい秘密が隠されています。

昔の人たちでさえ3年ずつかけたという武術の基本。現代は無理せずに、一生続ける運動なのだと思います。無理なくできる次章の運動から本格的に武術に進む人がいても嬉しいし、健康のための新しい運動として日常に取り入れる人がいるのも嬉しい。

人は一生をカラダと共に過ごします。カラダを元気にする運動のやり方を覚えて続けることは一生の宝となるのです。

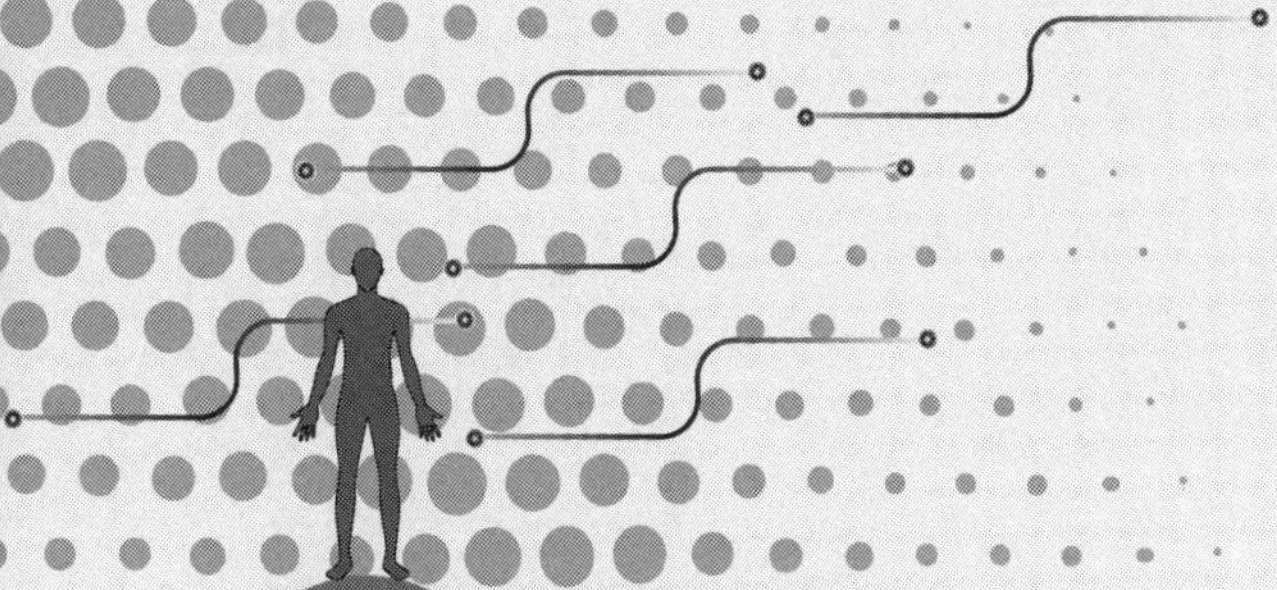

第9章

地球の力を借りると命が輝く

1 感じることがない命の力

人は命を意識することができません。そしてコントロールすることもできません。けれど命は存在しています。考えないでも活動してくれるのも命。考えてどうにかできるものでもないのも命です。人が生きてカラダを動かす全ての時間、意識することのできない命の力が働いています。

普段カラダを支えている力を意識することはありません。意識するのはただ立つことや歩くことだけです。立つと決めたら考えなくとも姿勢を維持できます。カラダを動かす時にも姿勢は維持されるので、この力はいつも働いています。

一体なぜ考えないでもカラダは姿勢を維持できるのでしょうか？　この意識できない力は、意識できないからといって決してない訳ではありません。この力こそが命の力。この力こそが武術で鍛え整える力なのです。

自分の意識で動いているように思っているカラダは無意識の生命活動に支えられています。無意識に命を支える力とは、カラダの内側から湧き出る泉のような力なのかもしれません。生きていれば泉から湧き出る力が風船を膨らませるように姿勢を維持し、動く度に崩れることがないように最適な状態を維持してくれています。カラダの中にある無意識に働く命の元のような力。その力はおそらく存在する力です。意識できない命が存在するように。

歳をとるとだんだんカラダが萎んだようになるのは、命の力の元の泉が枯れてくるからかもしれません。人は死ぬとやがて死後硬直となり物凄く硬くなる。行き場を失った命の力が最後に身体中に届いて、風船が膨らむように硬くなるからかもしれません。

泉が枯れて暫くすると命の元がどこかに消えてゆき、カラダはそれまでの硬直状態から、柔かな状態に変わる。目には見えない命の力は、カラダの内側から適度な張りを常に与えてくれるようなものなのかもしれません。適度な張りがあると、心身ともに安定して穏やかな日常となる。そういった日常は張りのある豊かな人生と言える。

人のカラダをまとめる命の源泉とでも呼べる不思議な力があります。カラダだけでなく心も同じです。心が一体どこにあるのかさえも本当は誰も知らない。

人は得てして知っていることに行動を縛られがちですが、この世の中には本当は知らないことの方が遥かに沢山あります。意識と無意識とは知っていることと知らないことと言い換えることもできます。知識が全てと勘違いして、知っていることから真実を探ろうとしてしまいますが、知っていることを遥かに超える量がある知らないことにこそ、真実が隠れています。武術は「一体どうして?」それを知ることよりも、どうやったらこの意識できない恩恵をきちんと使えるのか? そこに知恵を絞ったように思えます。

2 引力と角度によって起こる力は2つある

カラダを動かす時には普段感じることがない引力と角度が関係します。引力も普段は意識することがない力です。地球は太陽の周りを1年かけて公転し、1日周期で自転しています。この2つの回転する速度は相当な力です。地球で止まっているように感じる時には、地球が動く力と引力の2つの力を同時に受けています。それだけの力を普段カラダが何も感じないのも不思議です。

物を置くと90度が一番強く安定した角度で支え、90度からズレると置いたものは傾き始める。置いたものには動く力も意志もないのに引力と角度によって力が生じる。これも普段感じることのない無意識の力です。

武術で言われる〝地球の力を借りる〟とは、物質が受ける単なるテコの力ではなく、引力と角度の変化によって生じる力に反応して無意識に働くもう一つの力です。物を置いて傾ければ、角度によってそのまま倒れます。人は物とは違った性質を持っています。引力と角度の変化によって生じる力に対して人は無意識にバランスを取ります。少々傾いた場所に立っても意識などしないのに倒れない。転びそうな時も無意識にバランスを回復する。普段感じないだけで、もう一つの力が存在してカラダを常に支えてくれているのです。この意識できない力は意識できる力を遥かに超えた能力を持っています。

人と同じ形で同じ重さの人形が、人形の意志で動こうとすれば、人形の外側の筋肉の力では足りません。人形全体が内部も含めてバランス良く動かなければ、複雑な動きをした時に人形は外側の筋肉だけでは支えることができず、内側から崩れてしまいます。

人のカラダは人形と同じ形と重さであっても細胞単位で内側にある内臓や血管まであらゆる部分が調和して自由自在に動くことができます。自由自在にカラダを動かす時にはカラダの内側の圧力（内圧）を筋肉の動きと調和させ調整する必要があります。姿勢を維持し、バランスを維持したり回復するのはカラダの内側から湧き出るような力と、その力に調和した外側の筋肉の２つが重なった動きなのです。
これが無意識の運動指令と意識して動かす外側の筋肉の関係性です。伝統のある武術はカラダの内側の力（内圧）を鍛えることを現代でもしています。命を支えるカラダの内側から湧き出るような泉を整えながら鍛えること。内側と外側の力が調和するように鍛えること。これが伝統ある武術の稽古です。

無意識に働くもう一つの力を引き出すコツは、地球の無意識の力である引力と角度。カラダを動かす時に起こる引力と角度の変化の特性を知れば、カラダの内側の力の引き出し方が見えてきます。

格闘技の関節技に腕の関節を極めるアームロックという技があります。次ページの写真は似たような形に見える2種類のアームロックでも極まるポイントが違います。肘を90度にして極めると肩が極まる。肘の角度を１２０度に変えただけで、肩は極まらなくなる。可動域が変わるので肘が極まる。肘の角度によって無意識に筋肉の動きが変わっているので、自分の意志で極まる場所を変えることはできない。
アームロックが極まる角度に近くなると、相手のカラダ全体が膨らむような感じになります。

"肘の角度"だけで極まる所が変わる⁉

アームロックで相手の腕を90度にすると肩が極まり、120度にすると肘が極まる。これらは"力の入れ方"などではなく形によって決定してしまう。

120度：肘が極まる

90度：肩が極まる

腕を持って相手が膨らんだような感じになると関節技がそろそろ極まるタイミングです。相手のカラダが膨らんできたら、可動範囲が狭くなってきて極めるチャンスがくるので、そこで一気に極める。相手のカラダが膨らんでいないのに強引に持っていくと余計な力を使ってしまい極めるチャンスを逃してしまいます。これは格闘技の試合やスパーリングで何度も繰り返して手に入れた知識です。

プロとして格闘技をやってきたことで、アームロックに関しては角度によって腕の動きが決まり、力が集中する場所が変化することを知っていました。武術の学びが進むと段々と繋がってきます。立って歩く場所や触れるものとの角度によっても、同じ現象が起こります。

“ピッチング”における肘角度変化

テイクバック　一番大きな力の90度　肩負荷を肘へ広げる120度　肘負荷をボールに広げる180度

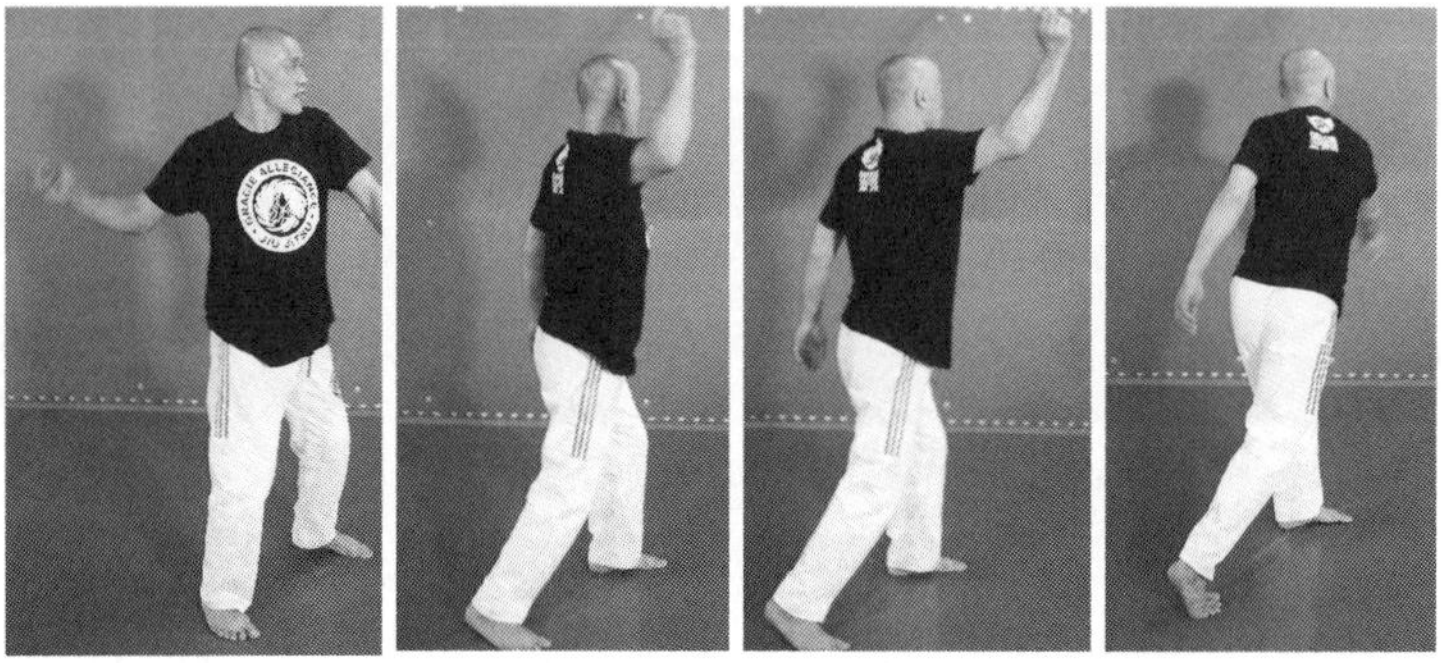

この原理を他の運動に照らし合わせてみましょう。ボールを投げる時には、まず力を抜いた状態から一気に力を集める。肘が90度になると一番大きな力が出る。この時に生まれる力は引力の力だけではなく、引力によって生まれる力に対応して無意識に働くカラダの内側の力です。意識することがないこの内側の力と意識で動かす筋肉の力が調和すると、高い運動能力を発揮することができます。

一番大きな力のままだと肩に負担がかかるので、次に120度にすると肩にあった大きな力が内圧の変化により全身に広がっていきます。アームロックで肩が極まる状態から肘が極まる状態への移行に似ていきます。

そのままボールを離すと、肘に負担がかかるので

スローイングで"勝手に上がってくる"腕

野球のスローイングや他の動作でも、いちいち「腕を上げる」という意志を働かせずとも、カラダの形によって無意識下でも自然に上がってくるようになっている。形に応じて無意識下の発動がなされる。それが"自然"。

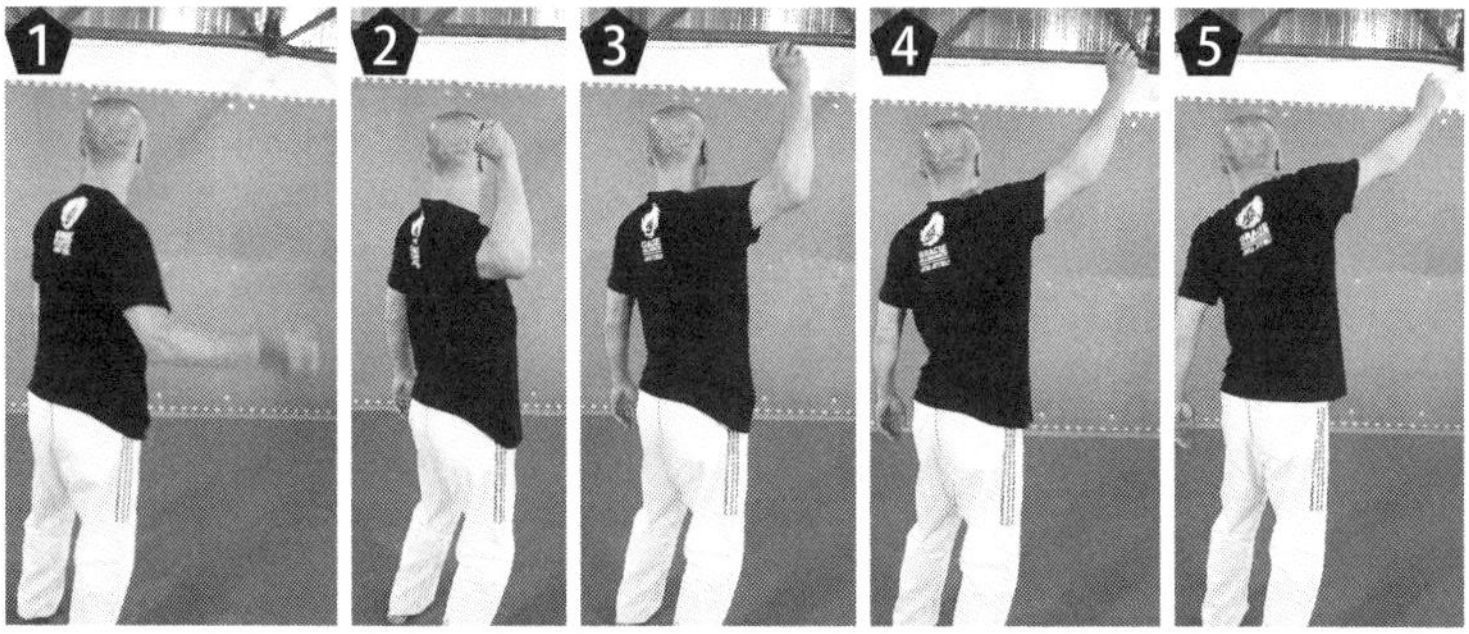

１８０度に腕を伸ばしボールに力を伝える。

ボールを投げる時に全身の動きと肘の角度が合えば同じ筋力でもボールにかかる力が大きくなり、動きの流れに角度が合わないと肘や肩にかかる負担が大きくなり威力は減る。野球の負傷に肘と肩が多いのは、角度がずれて投げることが原因です。

テレビで偶然プロ野球のイチロー元選手が高校球児に指導をしているのを見ました。ボールを投げる時に、高校球児に肩甲骨の位置を教えてから、こんなアドバイスをしていました。こうすると腕が勝手に腕が上がってくる、と。こうするとはピッチャーのフォームの始まりから投げる動作の変化です。筋肉は自分の意志で動かす。ボールを投げる始めの位置から腕が勝手に上がってくるのは意志の動きではなく、もう一つの意志である無意識の動きです。おそらくこの時のアドバイスの意味は無意識の運動指令が発動する肩甲骨の位置とカラダの形、そして肘の角度ではないかと想像できます。

意識を超えた筋肉の力の使い方を知っているからこそ、イチロー元選手はあれだけの名選手になったのだと思います。

たった一度見た内容ですから、この解釈が正解かは分かりません。ただ肘の角度の変化により無意識の運動指令が発動してカラダがスッと動くのは事実です。本章で紹介する運動はこの動きを使った運動です。

人は無意識に普段この原理でカラダを動かしています。重いものを持ち上げる時には無意識に腰を落として足腰の角度を変え、脇を締めて肘は90度に近い角度にします。同じ姿勢で肘を腕を真っすぐ（180度）に伸ばせば重いものは持ち上がりません。

文字を書いたりパソコンのキーボードを打ったり腕を器用に使う手作業は120度に近い角度でやる。日常の動作は120度、重いものを持つ時には90度が機能を高める角度です。

パソコンを打つ時に肘を90度にすると余計な力が入ってすぐに疲れ、日常的に続けば肩や首、やがては腰などにも問題が出て来ます。この問題は肘の角度によって内圧が高まっているので、余計な力が入り過ぎることが原因の一つになっています。１２０度で重いものを持ち上げると腰を痛めやすくなります。ぎっくり腰の原因は腰が抜けた状態で重いものを持つことです。腰が抜けるとは内圧が足りないこと。腰と腕の角度は連動しています。肘の角度は全身の内側と外側の動きのどちらとも無意識に繋がります。

武術には腕は肘から動かせという口伝があります。動きだけでなく肘の角度にも注意しなさいという意味が込められていたのでしょう。

以前『月刊秘伝』誌において柳生心眼流の師が筋電図による計測をした記事が紹介されたことがあります。柳生心眼流の型をとっただけで、他には何もしないのに筋電図の数値が高くなりました。肘を曲げて動くのが柳生心眼流の型の特色です。大分前のことで、その時には理解できませんでしたが、肘の角度によって全身の筋肉にカラダの内側から変化が起こる証明のような記事でした。

３ ● 陰陽重なる時に最高の力が宿る

カラダの機能の衰えを加齢による変化で考えてみましょう。歳と共に衰える機能には、実際に衰える前に起きる前兆があります。老人になると足腰が弱って歩くことが大変になってきます。歩くことにばかり目が行きがちですが、まだ元気に歩ける時でも、衰えの前兆として歩いている途中で動きを急に止められなくなってきます。

歳を取ると、なぜ歩くよりも止まる方が先に辛くなるのでしょう？　止まっている新幹線でも走っている新幹線でも椅子に座っていると何も感じません。新幹線が止まる時にもほとんど何も感じません。実はこれは運転手の技量によるお陰です。もしも何かの事故で新幹線が急停車したら、大惨事になるような大きな力がかかります。止まる時には作用と反作用の力が同時にかかり、想像以上に大きな力が働きます。人が歩いて止まる時にもこの力がかかっています。それを感じないのは意識で動かす筋肉ではなく、無意識に動いている内側からカラダを支える土台のような力のお陰です。加齢によって内側の土台の力が弱まってくると、それまで感じなかった違和感を止まる時に感じるようになり、さらに弱れば止まることが辛くなってきます。

歩くよりも大きな負荷が掛かる止まる力、この力を鍛えると無意識に働く筋肉が引き出されて鍛えられます。この運動は立つことと歩くことを同時に向上させることができます。歩く時には腕も動かすので一石二鳥どころか一石三鳥の運動になります。

立って歩いて両腕を自由に使える。これは日常で沢山行う基本の動作です。握り方に関しては

第2章で書いたので。本章では立って歩いて手を動かす基本の動作を無意識の運動指令によって高める運動を紹介します。基本動作はカラダを繋げて行います。上手に繋げるコツと一緒に運動を紹介していきましょう。

では実際に歩いて止まる運動を肘の角度の変化をつけてやってみましょう。歩いて止まること、カラダに問題がなければ簡単にできるはずです。では歩く速度を早くして急に止まってみましょう。

速度によって段々辛くなってきます。違和感が出たらすぐに止めて下さい。続けると辛さやカラダのどこかに違和感が出てきてしまいます。この違和感を筋肉を鍛えるだけでなく、無意識の運動指令を重ねることで消す。これが武術の鍛錬です。

鍛錬とは余計なものを消す刀鍛冶の作業を指す言葉です。鍛えながらカラダから余計なものを除き、余計な力を除き本質の力を引き出す。これが武術の鍛錬です。言葉にすると難しいですがやり方を知ればそれ程難しくはありません。これが武術の秘伝の意味です。秘伝とは難しくないコツさえ分かれば誰にでもできる。その大事なコツが秘伝だ。だから隠したのだ。柳生心眼流の師より何度も聞かせて頂いた言葉です。

肘の角度によって全身に無意識の運動指令が届くので、歩く時には肘の角度で全身の動きが変化する。早く走るために腕の振り方を練習するのはこの原理です。

この原理を使ってカラダの機能を無意識に高めていきます。歩いて急に止まる、この時に肘を90度に曲げて両腕を前に出す。これは急に止まる時にやる無意識の動きです。この形で止まると同じ速さでも違和感を感じなくなります。何も感じないのは肘の角度によって無意識にカラダがより大きな力を内側から働かせるからです。

カラダを鍛えると言えば、筋肉に大きな負担をかけることばかりを考えがちですが、それでは日常とかけ離れた動きになってしまいます。日常の動きはなるべく筋肉に負担がかからない、効率が良く何度繰り返しても疲れない動きの方が正しいはずです。鍛える時に余計な負担をかければ日常にも影響は少なからず及んできます。

武術では筋肉を鍛える時に、なるべく負担がかからない方法をとります。ここが武術の鍛錬と現代のトレーニングの最大の違いです。カラダに情報を送ってカラダの内側から自然に力を高めると、必要な力を効率良く出せるカラダに変わっていきます。生命の本質はなるべく少ないエネルギーで効率良く動くことです。これにより健康を保ち、健康は長寿に継がっていく。

筋肉だけではなく内側の力を鍛えることで、カラダは内側からの張りを取り戻していき、外側

腕を使って"急に止まる"

通常"急に止まろう"とすれば、首などカラダの各部位に負担がかかる。

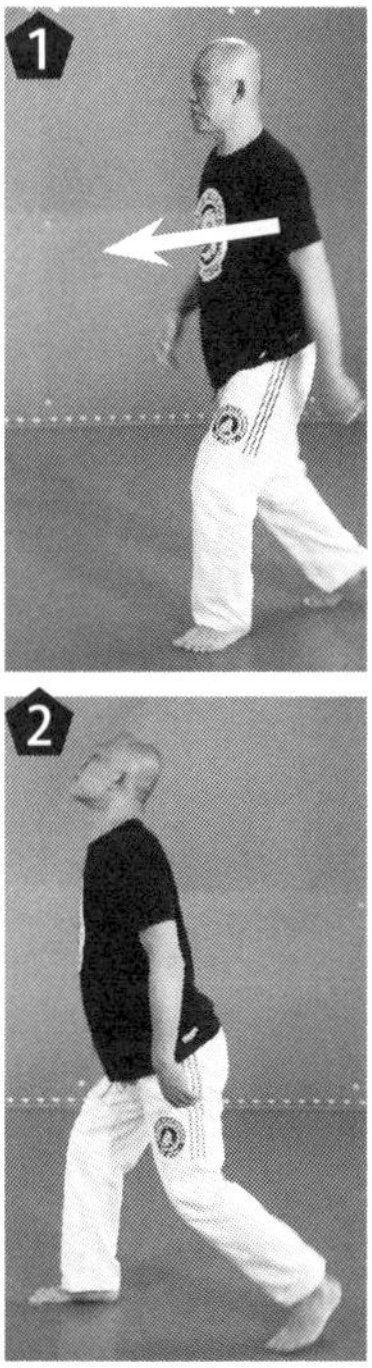

90度に曲げた腕を前に差し出して止まる。すると外見的には同じ"急停止"でありながら、より大きな力の内部からの稼働により、部分的な集中負荷はなくなっている。

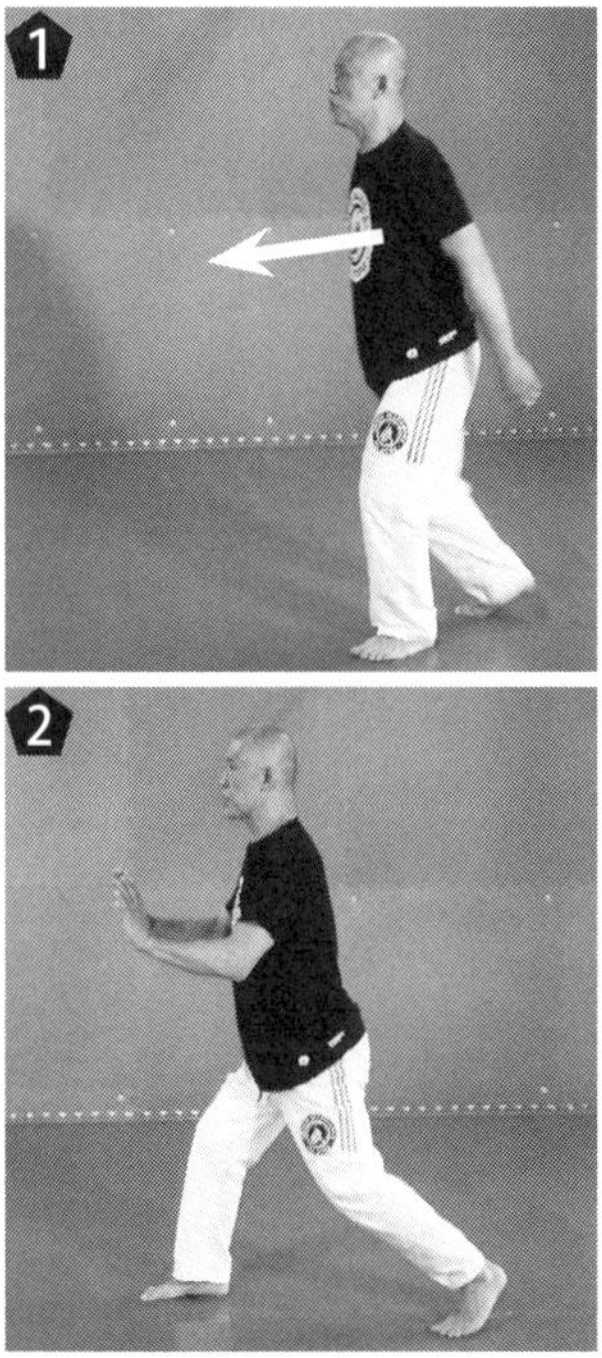

の筋肉と調和した余計な力を使わない無駄のない動きになっていきます。内側を鍛えながら、外側の筋肉を調和させるように鍛えれば強靭な肉体に変わっていきます。これもまた陰陽を重ねる武術の知恵です。

高齢者の方や足腰などに問題がある方は、もう少し楽なこの運動から始めると良いと思います。止まる時に手を合わせると無意識に姿勢が良くなります。両手を拝む時のよ

"合掌"の使い方

止まる瞬間に"合掌"をしても、身体負荷少なく停止させることができる。この時の肘はやはり90度。

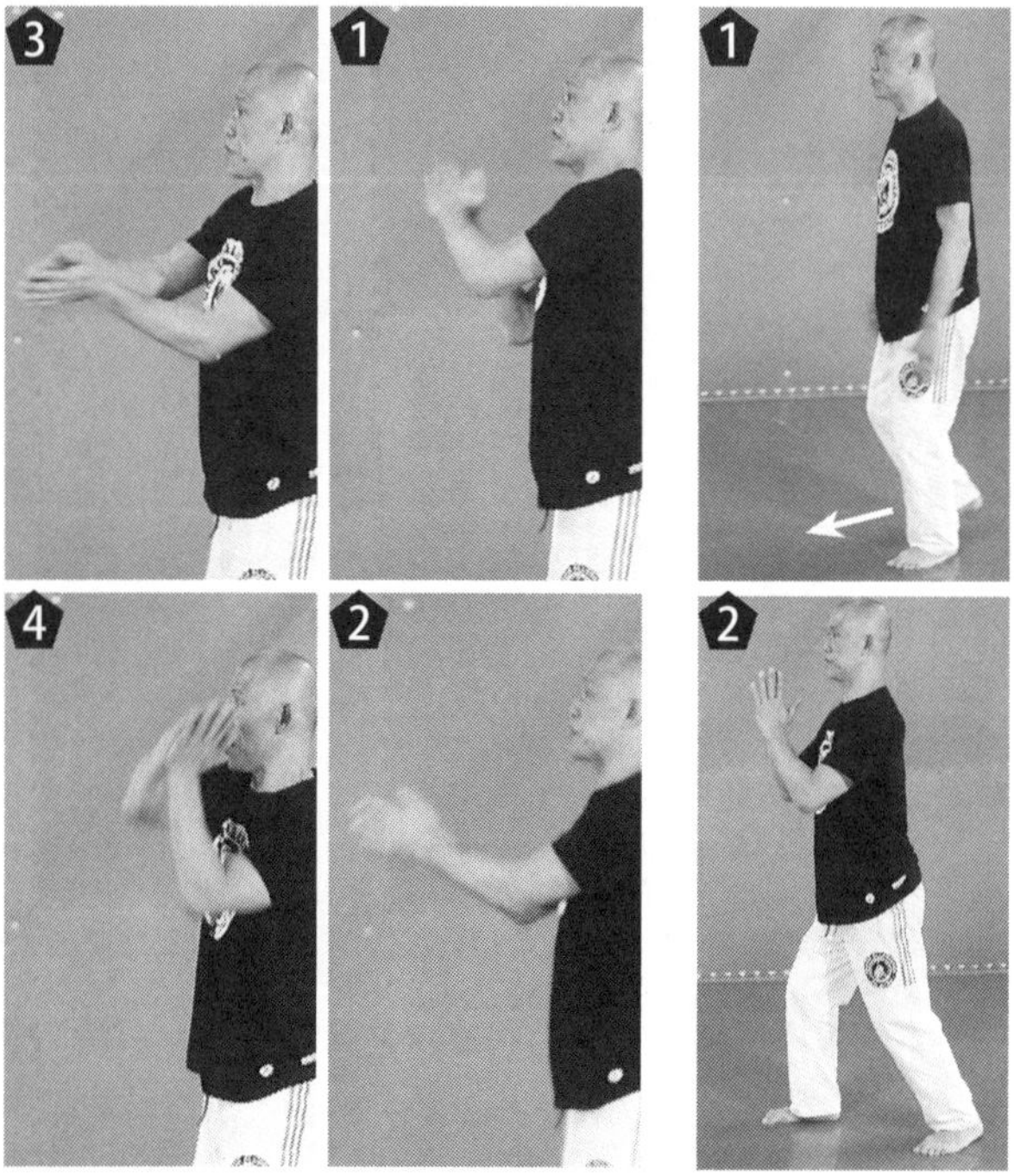

90度の肘だと固定的だった合掌も、１２０度の肘なら自由に動かすことができる。

うな形にしながら無理なく止まることを繰り返すとカラダの内側の力が出て来て段々と歩き方が改善していきます。

人は拝む時に姿勢を正す。拝む形は一体いつできたのだろうか？　両手を重ねると無意識に姿勢が正される。90度にするとじっと拝む時に丁度よく、１２０度にすると振り回す時に丁度いいカラダの繋がりが生まれる。お坊さんがお経を読む時には90度に近い角度、滝行などで腕を大きく動かしながらお経を唱える時には１２０度に近い肘の角度を取る。厳しい修行の中でいつの間にかでき上がった肘の使い方なのかもしれません。また密教などでは拝む形で指の形を変えて動く。これも武術の工夫と共通します。遥かな時代、武術と仏教は繋がっていました。

歩いて止まることを繰り返せるような広い場所がなければ、真っすぐに立って左右の足を一歩ずつ踏み出して戻す運動でも効果があります。

野球やゴルフやテニスなどでも陰陽２つの動きを重ねています。多くの球技ではボールを打つインパクトの瞬間に〝壁を作れ〟と指導します。〝壁を作る〟とは、回転方向の動きを止める壁を意識的に作り出すことを言います。止める瞬間にはカラダに２つの方向から力が掛かる。その衝撃に対する反応で、カラダの中の土台のような力が無意識に大きくなります。〝壁を作る〟とは動く方向と反対方向の２つの力を重ねることです。

何も邪魔するものがない方が、より大きな回転の力を生み出しそうですが、実際にはインパクトの瞬間に壁を作ることで、２つの力がぶつかる大きな力に反応してカラダの内側からより大きな力が生まれます。

〝壁を作る〟

バッティングのスイングにおいて、インパクトの瞬間に、そこまでの体重移動やスイング動作と真反対方向の力を生じさせ〝壁を作る〟ことによって、カラダの内側からより大きな力を発生させる。

壁を作るタイミングとカラダの動きの角度が合えば作用と反作用の関係で大きな土台の力がカラダの内側に生まれます。この土台に乗せて運ぶ力、フォロースルーの動きを行うとボールに威力が重なります。そのためスポーツではインパクトの際に壁を作るようにと指導をするのです。

作用と反作用の関係によって生まれるカラダの内側の大きな土台の力。この力が武術で鍛える力です。無意識の動きを引き出す時に効率が高くなるのはスピードを上げた状態で急停止してカラダ全体に大きな力をかけて内部の無意識の力を引き出すこと。大きな力を引き出し、怪我なく、さらに効果を高めるコツは腕の角度の工夫です。カラダを支える土台のような内側の力が充実してくると外側の筋肉も適切な動きをします。

それではもう少し高いレベルの運動をやってみましょう。ここからはレベルが上がるので、呼吸も加えます。

鼻から息を吸って止めたまま動いて止まる。苦しくなったら呼吸を吐かずに鼻から吸う。それでも苦しくなったら無理せずに一度休憩して呼吸が整ったら再開する。また可能であれば無理のない範囲で足指を上げると運動の効果が高まります。

拳を軽く握り肘を曲げる。肘を90度よりも楽な角度に曲げて用意をしてから手足を一緒に出すようにして歩く。歩きを止める時には90度を意識し拳に力を込めて真っすぐに出しながら一緒に止める。進む速度ははじめは歩く速度で、カラダが慣れてきたら段々と速度を早くする。

この運動は見たことのあるような武術の形になっています。「崩拳」と呼ばれる中国武術の動きです。この動きは形から始めたのではなく、歩く時の無意識の運動指令を引き出す過程で勝手に出て来た動きです。動きながら〝あっ、見たことのある動きになってる〞そんな風に感じました。稽古をしているとたまにこんなことがあります。人のカラダは同じなので、目的が同じならば似たような動きになってくるのでしょう。崩拳とは意拳の源流である形意拳の基本の動きでも

″無意識力″を引き出す歩行運動

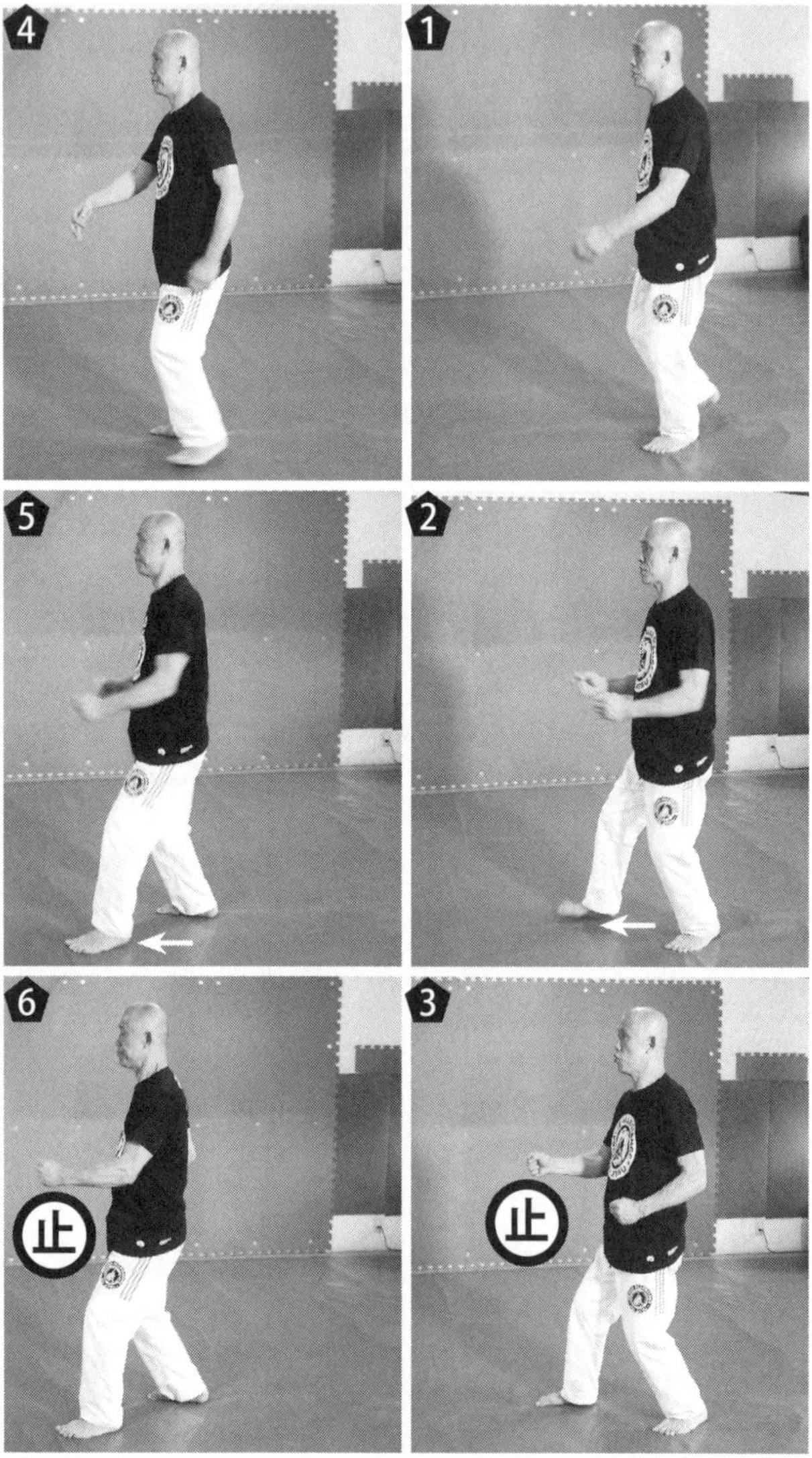

拳を軽く握り、肘を90度より楽な角度にして用意してから、同側の手足を一緒に出すようにして踏み出し、止める。止める時の肘は90度。この動作を繰り返していくが、最初に鼻から息を吸って止めたまま、この一連動作を行っていく。苦しくなったら鼻から吸い、それでも苦しくなったら休憩する。

あります。いつの間にか出て来た動きに、稽古の意味を感じたりします。

この形で歩くと、肘の角度の変化により、急停車するように止まっても何も感じなくなります。急に止まっても何も感じないのは、無意識の運動指令による動きが高まっている証拠です。前に進むのに慣れてきたら同じ形で後ろに一歩ずつ歩いて止まります。前後に運動した方がよりカラダの可能性が引き出せます。

角度との関係でカラダの中心に向かって突くようにすると、歩くように突き出した時よりも更に大きな力が、カラダの内側から引き出されます。また両腕を一緒に出す運動も効果があります。両腕を一緒に出した方が無意識にカラダ全体の力が繋がります。

ポイントは腕で突くのではなく、カラダ全体を止めるために腕を前に出して止めることが大切です。ひょっとしたら、この突きの動きも突くことではなく歩くことを上手に止めるための形であったのかもしれません。武術の型は極めの動作（動きを止めた時に姿勢を正す）を大切にする。空手の基本も突きや受けを止める。組手で止めることはないのになぜ止めるのか？　何も疑問を感じていませんでしたが、内側の力を引き出すことと実戦を分けているのかもしれません。突きを上達させるコツは突きを止めること。これも陰陽の表現のようです。

肘を 90 度にして歩く

普通に歩く

背後から抱えてもらって、ひきずるように歩く。肘を90度にすると大きな力が生まれ、明らかに違う感覚で楽に歩くことができる。

無意識の運動指令は自分では感じることができないので、いま一つ信用しにくいのも事実です。もっとも正しい動き方を身につければ、それ程時間をかける必要はなく、自分のカラダの変化で大きく実感することができます。

運動を正しく行えているのかの検証のためには実験が必要です。一つ実験してみましょう。後ろから抱きかかえてもらってそのまま歩く。同じ歩き方で肘を90度に。普通に歩く時と同じ力加減でやってみて下さい。90度にした方が圧倒的な力が出ます。はじめは力の変化を感じるために、軽く押さえてもらって、肘の角度により力の変化を感じるようにするといいです。力の変化を感じたら、相手に少しずつ抱える力を大きくしてもらう。慣れてくると相手の力が大きくなっても、それを感じないでスッと無意識に大きな力に変わって相手が耐えられなく

120度肘から生まれるしなやかな動き

肘を120度にした腕からは、しなやかな動きが生まれる。
あたかも舞踊のように。そのしなやかさは全身に伝搬していく。

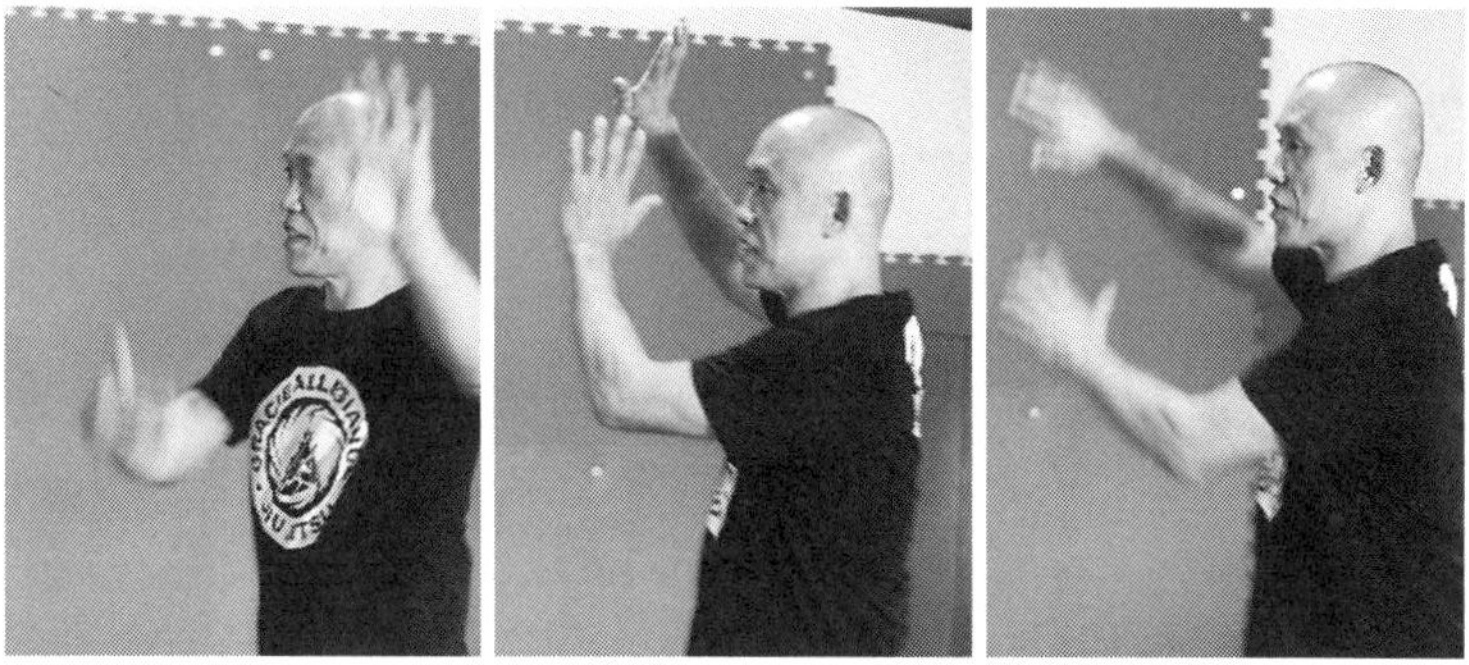

なってきます。
不思議なことに大きな力が出た方が力を感じません。これが陰陽が重なった時の力、無念無想のカラダの状態なのです。上手くいかない形のまま(姿勢が悪かったり、足運びが悪いまま)意識の力を大きくしても相手を動かす大きな力は出ません。
上手くいかない場合には、余計な力（意識で動かす筋肉）が働き過ぎています。そういう場合にはグレイシー柔術の章で紹介したサイドキック〜タックルに繋ぐ運動を参考にしてカラダの動かし方を訂正します。後ろ足で前足を押し出す感覚が歩く運動に共通したコツになります。上手くできない時には参考にしてみて下さい。
次は肘を１２０度にして歩きます。１２０度はしなやかな動きです。両腕を一緒に振りながら前後左右に柔らかく動かしながら歩くと、全身が柔らかくそしてしなやかに繋がって動く。慣れてきたら一歩ごとに止まる。この動きはどこかで見たような動き。そう、盆踊りのようです。盆踊りも歩きながら踊る。また一歩ごとに止まったり、止まって手を叩く動作もあります。

１２０度はしなやかな動きの角度です。体調に応じて使い分けると良いと思います。疲れた時などに踊るような気分で１２０度の動きをすると、固まったカラダのしなやかさを取り戻す良い運動になります。

古い時代の祭りは何かの節目に行う大切な行事でした。秋に収穫が終わった後はカラダが疲れています。お盆も夏の疲れの溜まる時期です。そういった時期にみんなで集まって声を出して歌い、踊ってカラダを動かすのが祭りでした。当時の全て人の力で行っていた農業は現代の比ではない程の重労働でした。祭りの時期のカラダは疲れからくる歪みなども出て、まさに未病の状態です。何も考えずに楽しく歌い踊る。時にはお酒も飲んで何も考えずに楽しく踊る。楽しかった祭りの後には、心身の健康を取り戻している。祭りと踊りと歌は、健康に関する古い時代の知恵でもあったと何かの本で読んだことがあります。一心不乱に楽しく踊るとカラダが元気になる。一心不乱は無念無想にも通じ、無意識の運動でもあります。踊りも古い時代に生まれた知恵です。

180度肘での歩行運動

力を抜いた腕を振るようにして、一歩進む毎に腕を前方へ伸ばして止まる。この時に腕に力を入れないこと。骨格がより真っ直ぐに繋がって、全身生起の大きな力を

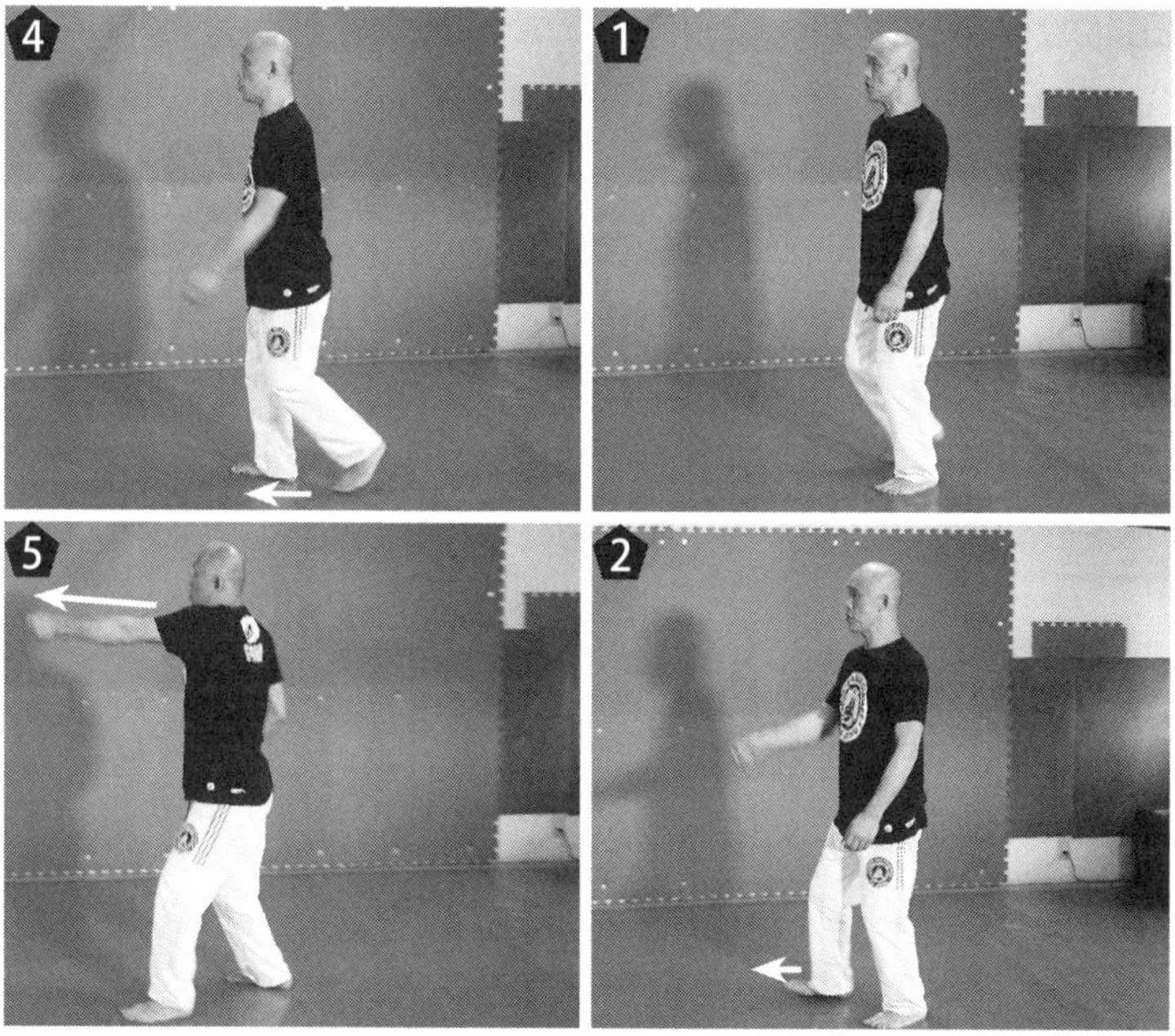

両腕を同時に動かす方法も効果が高い。

次は180度腕を真っ直ぐに伸ばします。伸ばす時に重要なことは腕に力を入れないことです。力を抜いた腕を振るようにして一歩進む毎に止まる。合気道のデモンストレーションで腕に力を入れないで相手に押させると、力を入れた時よりも強い力が出るのを見たことがあります。はじめに腕に力を入れると筋肉が先に動いて骨格の動きが止まる。なるべく力を抜いて腕を真っすぐにして止まると、骨格がより真っすぐに繋がるので、意識しても出せない大きな力が無意識の運動指令の発動により引き出される。この運動も両腕を同時に動かすと効果が大きくなります。片手と両手を上手く使い分けるといいです。

次は両腕を重ねて歩く運動を紹介しましょう。腕を重ねることで無意識の運動指令はさらに大きく発動します。ベンチプレスというウエイトトレーニングがあります。ベンチに寝てバーベルを上下させる運動です。同じ動きをダンベルでやると同じ動きのはずなのに同じ重量を上げることができません。2つに分けた腕と繋がった腕では無意識に動きと力が変わるからです。腕を重ねる型は武術にも多く見受けられます。腕を重ねるだけで無意識にカラダ全体が変わり、向上する。その効力を知っていたからだと想像できます。

90 度肘十字重ねでの歩行運動

肘を 90 度にして十字に重ねた腕を、一歩踏み出す毎に少し下に向けるようにして止める。

背後から抱えられての検証。腕を重ねない形よりも大きく圧倒的な力が生まれるのを実感する事ができる。

腕を90度にして重ねる。十字受けという空手の動きと同じです。一歩踏み出す毎に腕を十字に重ねて止まる。前に出す時に少し下に向けるようにするとより簡単に止まる。この動きで後ろから抱えてもらって歩くと片腕ずつあるいは両腕を同時に動かして歩く時よりも、腕を重ねることで強力な力が出ることがわかります。歩く時は力の移動が必要なので90度に肘を決めて伸ばしながら前に歩きます。

次は動きの緩急をつけて止まる運動です。柔らかくしなやかな動きと、崩れることがない力強い動き。この2つの関係も陰陽です。陰陽を重ねてカラダをより深くから目覚めさせる。第5章で書いたように足裏は体性感覚に関係します。足裏にあるのであれば、おそらく手の平にも同じ関係があります。全身の動きには五指の動きも関係します。この2つを意識してしなやかに無理のない角度で振ります。はじめは手足を分けて行います。楽にできるようになったら組み合わせて、手や足をしなやかにぶらぶらと振ると手足の指と手の平と足裏が無意識に奥から動くようになります。無理のないタイミングで一歩足を出して拳を握りながら止まる。足を振る場合には振った足を下ろしてから逆足を一歩踏み出して止まる。しなやかな動きときちんと止まること、どちらも加齢によって衰えてきます。衰えの防止と健康増進のどちらにも効果がある運動です。

緩急の動き（″ぶらぶら″～止め）

手足を″ぶらぶら″

両手、片足を〝ぶらぶら〞と弛緩させてから、その足を下ろし、逆足を踏み込んで同側の肘90度で止める。

足を″ぶらぶら″

片足を〝ぶらぶら〞と弛緩させてから、その足を下ろし、逆足を踏み込んで同側の肘90度で止める。

手を″ぶらぶら″

両手を〝ぶらぶら〞と弛緩させてから、一歩踏み込んで同側の肘90度で止める。

肘角度の変化（回転～止め）

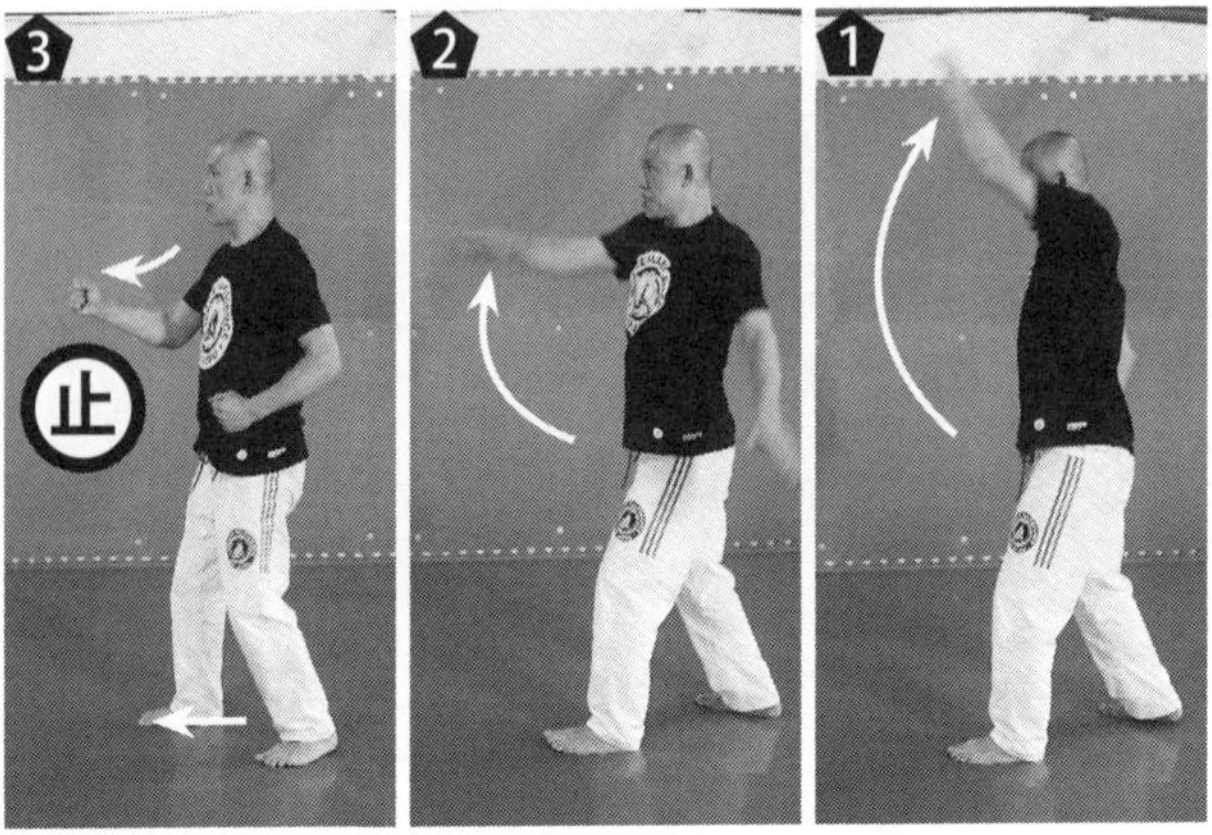

肘を120度にして左右1回ずつ後方へ回し（写真1～2）、踏み込みつつ2回目の回転腕肘を90度にして止める（写真3）。

最後に肘の角度を変化させて組み合わせる運動を紹介します。

歩くことができなくなる前に止まることが不自由になってきます。止まることができなくなる前兆もあります。スッスと動作を変えることができなくなるのです。素早く動作を変えることができなくなると段々カラダが衰える兆しが出て来ます。これを角度と急停止による運動で改善していくのです。角度の変化と急停止を繰り返すと動きと動きの間の無意識の筋肉が鍛えられ、動きの繋がりが回復します。

まず腕を2回続けて回転させるように動かす。2回目に一歩進みながら突く動作で肘を90度にして動きを止める。腕を回転させる回数は目安です。回数

パンチへの応用法

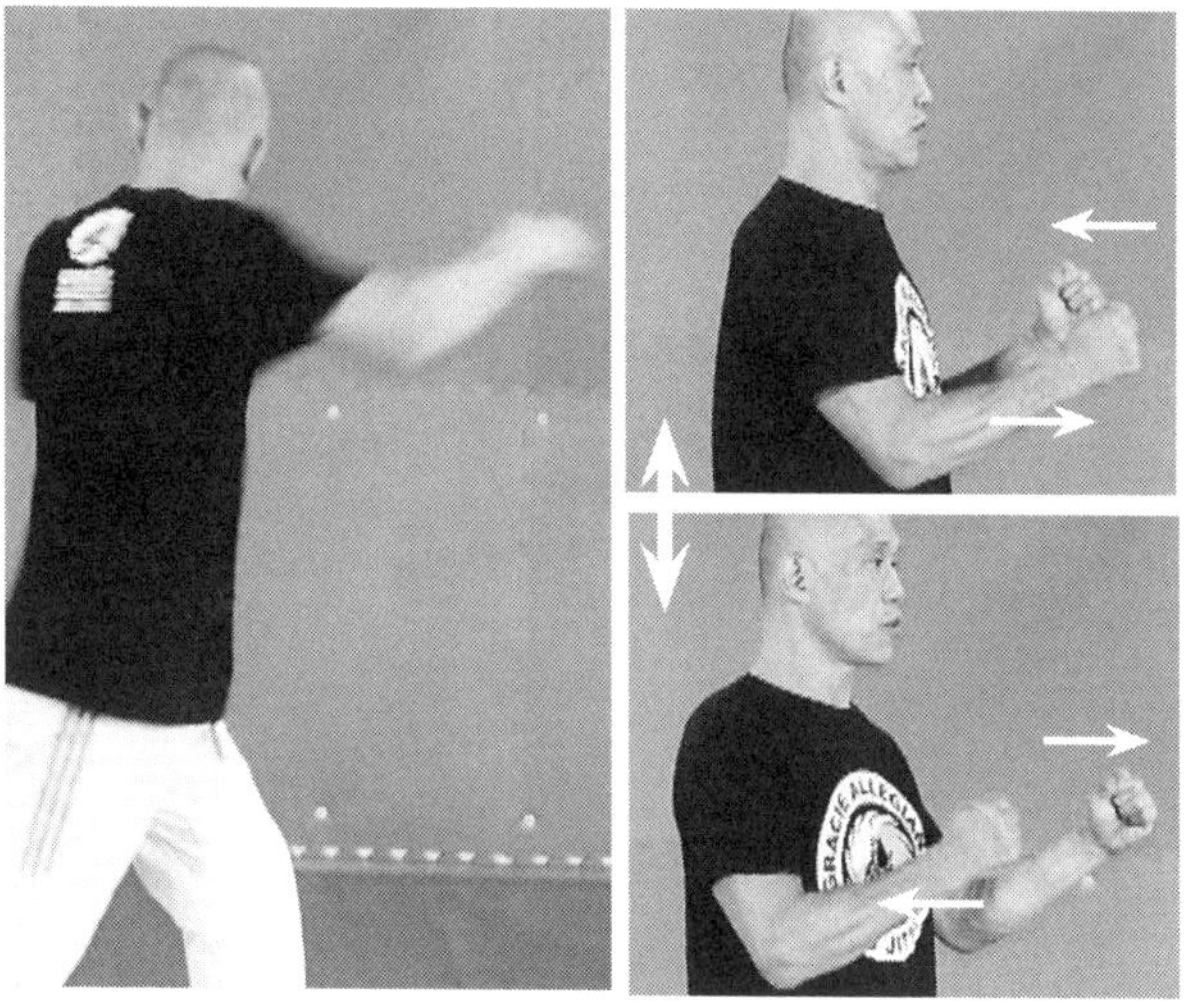

一番力が入る場所で前後に軽く動かしながら止める動作を繰り返す。

一番力が必要な瞬間が極まれば、実際のパンチにおいての前後の準備とフォロースルーの位置も自然に決まってくる。

を合わせるのが難しければ両腕を回転させて、動きやすいタイミングで手足を同時に前に出して肘を90度にして止まる。１２０度にした腕を回転させるようにカラダの後ろまで持っていき、歩いて止まる。両腕を回転させて歩いて止まる。後ろにカラダをそらすように腕を動かして前に足を出しながら止まる。カラダの動きは多種多様だから自由に色々な動きを組み合わせて自分でやってみるのも良いと思います。動作を分けて動きをまとめたら、次は続けて動いた方がカラダがより奥から繋がってきます。

スポーツなどに応用する場合は動きを分解して角度を合わせます。スポーツよりも格闘技が得意なのでパンチを打つ動作で（笑）。パンチを打つ時に一番力が必要なインパクトの瞬間に肘を90度にします。肘の角度と腰の回転の位置の角度が合うとお腹の辺りに力が入るのを感じるようになります。その位置を見つけたら一番力の入る場所で前後に軽く動かしながら止める動作を繰り返す。一番力が必要な瞬間を鍛えるとバランスが向上し、前後の準備とフォロースルーの位置は自然に決まってきます。

歩いて止まる運動を繰り返すとお腹の辺りに内側から膨らむような力を感じるようになってくるので、順序良く運動すると角度の力を引き出す感覚が分かってきて、全てのスポーツに応用が効きます。

カラダを動かす運動指令は2つあります。おそらく古い時代の人々はそのことを知っていたのでしょう。柳生心眼流とは心の眼です。心の眼とは眼には見えない世界。もう一つの柳生、柳生新陰流は影。光と影も陰陽、光は眩く世界を照らし、光の世界が影を作る。新陰は神陰と呼ばれた時代を経て新陰になった。神の陰にあるものは人の知らない真実かもしれません。

グレイシー柔術の始まりはカーロス・グレイシー。カーロスも人は自然に力を頂くという言葉を残しています。自然の力は眼には見えない深い部分に隠れています。世界には眼には見えない存在があり、それこそが目に見える存在を維持しています。科学が発展した２０２1年でもこれは事実だと思います。眼には見えない大いなる存在に敬意を払い大切にする。これが日本人の大切にしてきた思想でもあります。

21世紀の武術とは護身と健康に役に立つもの。護身とは眼には見えないトラブルの前兆を捕らえることの方が実際に護身術を使う何倍も大切です。全ての現象には前兆が存在し、その捉え方には個人差があります。健康にも変化する前兆があり、これもまた捉え方には個人差があります。現象として現われる前の前兆を捉える。これが武術を通じて身につける極意です。時代が変わっても、武術には使い方を知れば光り輝く宝が隠されています。

本章の運動は一般の方々が無理なく健康運動として行うのに充分な範囲で紹介しました。便宜上前に出る運動で紹介しましたが、運動に慣れてきたら後ろにも進むと効果が高まります。この運動をやって部分的に疲れてくることがあります。例えば首に違和感が出たり、腰に出たり、と。その時には本書で紹介した他の運動をやってみて下さい。普段悩まされているカラダの部分がある時も同じです。肩や首に問題があれば五指の動きを組み合わせたり、腰に問題があればビユーティーローラーで擦ったり、折り畳み傘で触れるとカラダの繋がりが止まっている部分が繋がって動き始めたりします。カラダの問題の多くは繋がりが途切れた場所に起こります。ぎっくり腰はカラダ全体で行う動きが腰で止まり、腰に大きな負担がかかるから起こります。繋がりの途絶えた場所を自分の意志で動かす時には無意識の力を借りた方が早く効果的です。繋がりが回復してくると、内側の膨らみの力がカラダ全体に通りやすくなり、基本運動の効果も高まります。

本格的に武術をやる場合には前後だけでなく左右や回転、突然ジャンプしたりと様々な多様な動きでよりカラダの可能性を引き出す型があります。様々な武術の流派には、その流派の特色を活かした様々な型の動きがあります。足の角度や歩き方にも秘訣があります。

本書ではここまでの紹介に留めます。本書の運動をやれば日常を健康に過ごしスポーツなども充分に楽しめると思います。機を改めて武術の型を現代の暮らしと体力に合わせた健康運動を紹介したいと思っています。

終章

足るを知る大いなる和の国の知恵

日本人のルーツは縄文時代にあります。縄文時代は争いごとがない人類史上でも他に例を見ないほどの素晴らしい時代でした。その時代の人々が大切にしたものは自然との共生。共生とは和を持った正しい循環を守ることです。今話題のＳＤＧｓ（エスディージーズ）……持続可能な社会と似ています。遥かな時代縄文の時代の人々は正に今世界が求める暮らしを、既に現在を超える形で特に不便もなく暮らしを楽しみながら営んでいました。

日本の四季の循環は季節ごとに豊かな恵みを無償でくれます。取り過ぎない、自然に余計な手を加え過ぎない。これだけのことを守って縄文人は穏やかな日常を送っていました。言葉にすれば簡単ですが、実際に行うにはとても難しい。この２つをきちんと守る暮らしは現代の様々な問題の解決法にも繋がっています。

弥生時代には大陸の文化が渡来して生活が変わりました。ところがある時期から日本人は独自の文化を作り出し始めます。ある程度大陸の文化を学び、それを使いこなすようになった時に日本的感覚が再び目覚めたのでしょう。これは大陸から学んだ武術にも共通しています。

大陸を見習った建築様式は大陸の華美を競うようなものから日本的な質素の中に美しさを求めるものへと変化していきます。建築様式だけでなく建築の規模も変わります。その頃大陸は留まることがない技術革新によって現代の高層建築のような建物をドンドン建てていました。日本もそれを見習って奈良の都までは高層建築を競うように建てていました。都を京に移す頃から、自然との共生ができるような都を作り始めるようになり、高層建築は鳴りを潜め始めます。

京に都を移した室町時代には室町文化が花開きます。この時代は戦国時代が一度落ち着いた時代です。室町文化はそれまでの優美な公家文化に武家文化が加わり、そこに禅宗の質素な文化が融合され時代と共に磨かれていきます。この時代質素なものに美しさを見出すという日本独自の文化が発展していきました。室町初期には金閣寺が建てられ、中期には銀閣寺が建てられます。現代の感覚で言えば銀閣寺から金閣寺の順番が正しいとは思いませんか？　そして次はもっと豪華な宝石を散りばめた様なお寺を建てる……どんどん欲望が広がっていくのが現代の感覚です。

室町文化は能や狂言、そして茶道や華道、水墨画など質素なものに美しさを見出すという部分においてどんどん日本的な文化様式が発展していきます。安土桃山時代を経て江戸時代に質素の中に工夫を取り入れ、暮らしを豊かにするという文化が昇華しました。江戸時代も世界史において類い稀な約２７０年近く平和が続いた時代です。質素を美徳とした時代の日本は決して貧しくなく、おそらく豊かに思える物質に囲まれた現代よりも、人々は日々を笑顔で豊かに楽しく過ごしていました。その暮らしぶりは幕末から明治初期に日本を訪れた諸外国の人々を驚嘆させたのです。

日常を少し比較して考えてみましょう。電気もガスも水道もなかった時代。電気がないと不便？　でも灯りがなければ夜は誰でも早く寝る。夜に早く寝れば朝の目覚めも快適です。電気がなかった時代に睡眠不足に悩む人はいたのでしょうか？　テレビもスマホもＹｏｕＴｕｂｅもない。だから人々は語り合う。個室もないので一見不便ですが、家族で肩を寄せ合って暮らし、いつも語り合う時間は楽しそうです。

食事は質素ですが、完全無農薬の保存料ゼロ添加物もゼロ。全て産地直送の朝に収獲された全て新鮮な食材です。現代の健康に気をつけている富裕層でもなかなか手に入らない食事を、誰もがいつも当たり前に食べていました。一日中カラダを使って暮らしを営んだのだから食事も美味しかったことでしょう。最高の調味料とは空腹です。

カラダを使った暮らしはダイエットとか低糖質とか何も考える必要もなく、ただ美味しく食事を食べるのです。美味しそうで、楽しそうです。

交通機関もない。だから電車に乗って長い時間をかけて働きに行くこともない。常に徒歩の移動だから運動不足にもならないで健康です。電気がないから長時間の労働もなく、真夜中までの残業なんてできない。これもまた現代より健康で楽しそうです。

現代は溢れかえる程にものがあります。一見豊かに思えるモノに溢れかえる現代。それを作るために工場ではエネルギーを大量に使い、ゴミがどんどん出てきます。工場から排出される煙や汚染水が環境を汚しています。商品を流通させるために道路は混みあい、そこでも空気が汚れていきます。そして渋滞する時間には無駄な時間も消費されていきます。

溢れかえるモノをさらに売ろうとしてどんどん新しいものを作り出し続ける現代の日常。ほとんどの企業はまだ使えるモノを買い替えさせるために努力を重ねています。その結果として途方もない量のゴミが生み出されています。

人々は溢れかえる程のモノを持っているのに、それを買い替えるために必要なお金が増えていきます。さらには新しいものを買い換える度に出てくる莫大な量のゴミの処理にもお金を払っています。そのためにどんどん労働時間が増えていきます。明治以前の労働時間は現代からは想像もできない程短い。夕方には仕事を終えてお風呂で汗を流し、それぞれが夕暮れ時を謳歌した。便利とは？　文明って一体何なんなのだろう？　などと思ってしまいます。

足るを知る知恵を持った時代、自然との和を保ち幸福に暮らしたかつての日本。充分に満ち足りた暮らしとは、いまある満ち足りたものを知る知恵を持つことなのでしょう。

今ある満足を知る知恵を持たなければ、どんなにモノで満ち足りても不安に溢れていきます。不安から求めるものは果てしなく限りがありません。これは現代と重なるようにも感じます。

とはいえ現代の文明にも良い部分は沢山あります。どんなに楽しそうでもあまり古い時代には行きたくない（笑）。やっぱり自分が暮らす時代と場所が一番です。

そのために役に立つヒントが古い時代の日本人の知恵です。

古い時代の日本と現在の日本の違いとは一体何なのか？　それを知ることが古い時代の知恵を活かす時に役に立つように思えます。少し想像してみるとこんなことが思い浮かんできました。

日本は四季を通じて周囲の自然が変わります。春には命が芽生え、夏や秋には命が大きく育ち収獲という恵みもあります。冬には静かな命の時間を感じます。これが古い時代の日本の景色です。

また人との関係でも、祖父母と同居し死を看取ることは日常の中の風景でした。昔は幼い子供も死んだりすることが多かったので、兄弟姉妹の死や近所の子どもや老人の死を看取ることもあったでしょう。死を身近に感じることは、命の大切さを知ることに繋がっていきます。あまり嬉しくはないことですが、必ず訪れるものを身近に感じることは生きる時間に必ずある本当のことを知る機会になります。

本当のことを知る機会が多かった昔の人々は命に対する想いが今よりもずっと大きく、その分だけ生きる時間を大切にしていたように思えます。戦の時代であれば、ことさらにこの思いは大きかったはずです。

命を大切に思う気持ちは周囲との関係も変えていきます。生きることを大切に思えば、周囲の人との関係も現代よりもずっと大切にして濃密であったでしょうし、周囲の自然を含む全ての命に対する感覚も違ったように思えます。

昔の日本人は全ての存在に命を感じ大いなる何かを感じていました。だから日本には八百万《やおよろず》という信仰があるのかもしれません。特定の宗教を持たなくとも日本人の感覚の奥底には全てに神が宿っている、全てに感謝と敬意を払う、という根本的な思想が現代にも残っています。全てに感謝と敬意を払うと、〝今をいかに大切に生きるのか？〟そういったことにも目が向くようになってきます。今を大切に生きるには、今をよく知ることが大切です。

周囲の自然や出来事の全てを五感を通じて感じることが、今を大切に生きることに通じます。過去も未来も五感で感じることはできません。感じることができるのは頭の中だけです。今現在を生きる時にのみ五感は働きます。

五感とは周囲の全てと今現在を繋ぐものです。五感を呼び戻すような運動はカラダの末端からの指令をカラダに伝えてカラダの繋がりを回復させてくれます。
呼吸に関する運動は生きるエネルギーの力を増やし循環を大きくしてくれます。動いて止まる運動はカラダの内側から支える力を大きくしてカラダそのものの力、生命力を高めてくれます。
この3つが本書で紹介した運動です。

どれほど文明が発達しても、人が作り出したモノは、自然、そして心とカラダが持っている宝のような素晴らしい能力にはかないません。武術とは元々持っている素晴らしい能力を目覚めさせ、引き出すための術です。武術の本質はカラダと張り合うように鍛えるのではなく、隠れている素晴らしい能力を引き出します。そこに自らが鍛えた力を上手に重ね合わせます。目には見えない素晴らしい力の存在を昔の人々は今よりもよく知っていました。

著者プロフィール

平 直行（たいら なおゆき）

総合格闘技草創期にプロのリングで活躍。漫画『グラップラー刃牙』の主人公、範馬刃牙のモデルとしても有名。操体法や療術にも精通し、格闘技引退後には太気拳、柳生心眼流を修めるなど、より多角的に研究を深め、独自の身体理論を確立する。
著書：『平直行のリアルファイト柔術』（徳間書店）、『めざめよカラダ！骨絡調整術』『カラダのすべてが動きだす！筋絡調整術』『触れるだけでカラダの奥が動きだす！』『平直行が行く身体感覚の宝島』（BABジャパン）

装幀：谷中 英之
本文デザイン：中島 啓子

五感を活用 カラダは三倍動く！

眠っているところを“無意識的”に活用させる法

2021年6月10日　初版第1刷発行

著　　者	平 直行
発 行 者	東口 敏郎
発 行 所	株式会社ＢＡＢジャパン
	〒151-0073 東京都渋谷区笹塚 1-30-11 ４・５F
	TEL　03-3469-0135　　FAX　03-3469-0162
	URL　http://www.bab.co.jp/
	E-mail　shop@bab.co.jp
	郵便振替 00140-7-116767
印刷・製本	中央精版印刷株式会社

ISBN978-4-8142-0396-3　C2075

日本はかつて大和と呼ばれました。大いなる和の国。大いなるものとは意識だけでなく無意識までもが含まれます。和とは多種多様な組み合わせが調和した状態です。その時代から引き継がれ磨かれた知恵は大いなる和の知恵です。目には見えない偉大な力の存在は解き明かされていないだけで、確かに存在します。そこに現代ではまだ届いていない心身の隠れた力を導く秘密が隠れています。おそらくは地球規模の環境問題や人々の心の悩みの解決にも。

本書を手にしてくださった全ての皆様に豊かなカラダと人生が訪れますように。

2021年4月

平　直行